中学デビューシリーズ

初心者もぐんぐんレベルアップ

剣道入門

著
有田祐二
筑波大学　剣道部女子監督

ベースボール・マガジン社

はじめに

　この本を手にした読者は、「剣道」にどんな印象を持っているでしょう。また、どんな目的でこの本を手にされましたか？恐らく多くの人がサッカーや野球などと同様に、ひとつのスポーツ種目ととらえて「強くなりたい」「上手くなりたい」「大会で優勝したい」と思っていることでしょう。

　剣道の動作は、現代において日常的ではない特有なことばかりです。剣道の達人は基本動作とほぼ同じような美しい動きで相手を見事に打ち込みます。日本刀の誕生が平安期、防具を着け竹刀で打ち込む現在のような剣道の始まりは江戸中期といわれています。長い年月を経て代々の先達が工夫・改良してきて現在につながっています。無理・無駄のない基本動作が「剣道の極意」ともいわれる所以です。

　しかし、実際に相手と向かい合うと「勝ちたい」「打ちたい」「打たれたくない」と思い過ぎてその動作とはかけ離れた動きになりがちです。しかも相手も工夫して向かってきます。一対一で向かい合う対人性という特性を持つ剣道は、相手との兼ね合いが生命線です。剣道を一所懸命に行うことで勇気を持って打ち込んでいく決断力、高速で動く竹刀の動きに対応する判断力が身に付きます。さらに、次はどう攻めてどこを打ってくるんだろうと、相手の心・気持ちを読んだり考えたりしないと強くなれませんので、思いやりを持った優しい人になれます。つまり「礼」の心が身に付きます。そのほかにも「交剣知愛」という言葉があり、剣を交えた相手とは不思議と深い絆で結ばれる等々、剣道を行うことで得られることは数多くあります。

　本書は、中学生の皆さんが我が国発祥の伝統文化である剣道を通して幸せになる一助となることを目指して作成しました。未来の次世代によりよい剣道が伝わることを願って。

筑波大学体育系　剣道部女子監督　有田祐二

HOW TO USE　この本の効果的な使い方

　この本は初心者や中学生のみなさんが、剣道についての基礎知識と基本技術ならびに応用技術を身につけるためにプログラムされています。

　PART 1 とPART 2、PART 5 とPART 6 では剣士として知っておきたい基礎知識を「着装や礼法」「稽古法」「ルール」など、テーマ別に紹介しています。

　そしてPART 3 とPART 4 の 2 つの章は技術編です。PART 3 で基本となる動作や技術をマスターしたら、PART 4 では対人的なテクニックを学びましょう。

　最初は「しかけ技」を練習し、攻め合いの感覚や、正確にしかも素早く打ち込む技術をつかんでください。そしてプログラムの最終段階として「応じ技」の稽古をしましょう。相手のしかけ技を受けっ放しにすることなく、相手の力を利用して打つことが目的です。

　書籍や一部動画のモデルをしてくれた大学生は、世界大会日本代表選手や全国大会優勝経験者など、高い技術をもった剣士ばかりです。写真や動画を稽古のお手本として、より高いレベルの剣道を自分のものにしてください。

剣道の基礎的な事柄が知りたい、おさらいしたい

PART 1　剣道の歴史

PART 2　剣道具や剣道着、礼法について

PART 5　稽古の種類や方法

PART 6　試合、ルールについて

> 知りたいこと、興味のあるものから読んでください。

技術を磨いてレベルアップしたい

PART 3　基本動作（構え、足さばき、素振りなど）

PART 4　応用動作（しかけ技、応じ技）

> 写真と一部動画を見ながら動きや打突のしかたを学びましょう。PART 3 の技術をマスターしてからPART 4 へ進んでください。経験者は苦手な技の克服、得意技をつくる目的でPART 4 の技に取り組むのもいいでしょう。

目 次

はじめに..2

この本の効果的な使い方..3

PART 1 剣道の特性

剣道の特性と魅力①..8

剣道の特性と魅力②..10

PART 2 剣道の基礎知識

剣道具について①..12

剣道具について②..14

剣道着・袴の着装..16

剣道具の着装①..18

剣道具の着装②..20

礼法①..22

礼法②..24

PART 3 基本動作

正しい姿勢（自然体）をつくる..26

構えと目付け①..28

構えと目付け②..30

竹刀の構え方と納め方..32

立ち会いの礼法..34

足さばき①　歩み足..36

足さばき②　送り足..38

足さばき③　開き足　継ぎ足・踏み込み足..40

素振り①　上下振り..42

素振り②　斜め振り..44

素振り③　空間打突　正面打ち……………………46

素振り④　空間打突　左面・右面打ち……………48

素振り⑤　空間打突　小手打ち……………………50

素振り⑥　空間打突　胴打ち………………………52

素振り⑦　跳躍素振り………………………………54

掛け声（発声）…………………………………………56

間合……………………………………………………58

打突のしかた・打たせ方・受け方①　打突部位　有効打突……60

打突のしかた・打たせ方・受け方②　正面打ち……62

打突のしかた・打たせ方・受け方③　左面・右面打ち……64

打突のしかた・打たせ方・受け方④　小手打ち……66

打突のしかた・打たせ方・受け方⑤　胴打ち……68

体当たり………………………………………………70

鍔ぜり合い……………………………………………72

PART 4　応用動作

「攻め合い」を制する極意……………………………74

しかけ技

一本打ちの技　面打ち………………………………76

一本打ちの技　小手打ち……………………………78

一本打ちの技　胴打ち………………………………80

連続技　小手〜面……………………………………82

連続技　面〜面………………………………………84

連続技　小手〜胴……………………………………86

連続技　面〜胴………………………………………88

払い技　払い面………………………………………90

払い技　払い小手……………………………………92

引き技　引き面………………………………………94

引き技　引き胴………………………………………96

引き技　引き小手……………………………………98

出ばな技　出ばな面 ……100

出ばな技　出ばな小手 ……102

応じ技

抜き技　面抜き胴 ……104

抜き技　面抜き面① ……106

抜き技　面抜き面② ……108

抜き技　小手抜き面① ……110

抜き技　小手抜き面② ……112

すり上げ技　小手すり上げ面 ……114

すり上げ技　面すり上げ面 ……116

すり上げ技　ステップアップ応用編　小手すり上げ小手 ……118

返し技　面返し胴 ……120

返し技　小手返し面 ……122

打ち落とし技　胴打ち落とし面 ……124

打ち落とし技　小手打ち落とし面 ……126

打ち落とし技　ステップアップ応用編　面打ち落とし面 ……128

技のしくみとながれ ……130

PART 5 実力をつける稽古法

稽古の目的　基本稽古

（約束稽古 打ち込み稽古 掛かり稽古） ……132

基本稽古（切り返し） ……134

互格稽古　引き立て稽古　試合稽古 ……136

さまざまな稽古

（ひとり稽古 見取り稽古 立ち切り稽古

出稽古・武者修行 合宿 伝統的な稽古法） ……138

PART6 試合・ルール

試合の方法　試合の目的と心構え……………………………140

知っておきたいルール　試合のきまり……………………142

知っておきたいルール　有効打突の条件……………144

知っておきたいルール　禁止行為………………………146

審判をやってみよう／
審判の心構え・基礎知識　旗の表示と宣告　　152

審判をやってみよう／旗の表示と宣告……………154

あとがき…………………………………………………………158

協力／筑波大学 剣道部女子
構成／児玉光彦
写真・動画／馬場高志
デザイン／paare'n

PART 1　剣道の特性

剣道の特性と魅力①

特性と魅力1
武士の時代から受け継がれてきた伝統文化

　剣道は戦国時代の[*1]武術性、江戸時代の[*2]芸道性、近代に入ってからの競技性など、それぞれの時代に新しい価値を見いだしながら、令和の現代まで受け継がれてきた日本古来の伝統文化です。

　とくに江戸時代の中期に竹刀や防具が考案されてからは、競技としての魅力が高まるとともに、人間教育の手段としても用いられながら、社会のさまざまな層に広がっていきました。

　現在の剣道は、競技として勝敗にこだわる傾向が強まり、「人間形成」という本来の姿からかけ離れている、といった声も多く聞かれます。たしかに「勝利至上主義」に偏るのはよくありませんが、試合に勝つことを目標に努力することがエネルギーとなり、モチベーションを高めることも事実です。「試合の結果を求めつつ、人間形成にも役立つ」鍛錬ができれば理想的ではないでしょうか。

＊1 武術性／戦いに勝ち、自分を守るために武芸や武技が役立つこと。
＊2 芸道性／日本独自の礼儀作法や精神性、様式を含む武道などの特質。

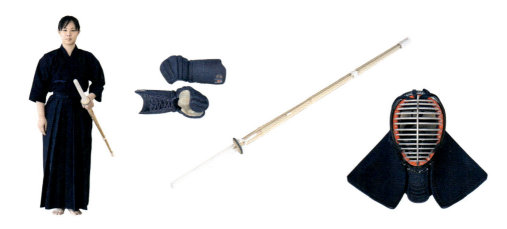

日本で生まれ育った剣道は、ほかの競技には見られないスタイルや性質を持ち、それが独特の個性や魅力にもなっています。1章ではその剣道ならではの特性を「伝統文化」「競技」「運動」「精神性」の4つの角度から紹介します。

特性と魅力2
年齢や性別に関係なく楽しめる競技

　競技としての剣道の特性には以下のようなものがあります。

●一対一の対人競技であること
●竹刀や面、胴など独自の特色ある道具を用いること
●有効打突を求め合うことで競技が成りたっていること
　いかに素晴らしい「一本」を打てるかが剣道の魅力であり、目標です。

●年齢や性別に関係なく生涯に渡って楽しめること
　同じ規則で老若男女が長く続けられる競技は少ないでしょう。体力の低下を技術や心の鍛錬でカバーできるのも大きな特性です。

●相手と戦うことが根源にある、格闘性をもった競技であること
　戦いに勝つ方法、その訓練として発生したのが剣道の根源です。しかし、現在では「人間形成の道」という面も持つため、稽古や試合で表面化しがちな闘争心を、「礼儀」によってコントロールすることも大切。「礼に始まり、礼をもって行い、礼に終わる」を忘れないようにしましょう。

●試合と稽古が密接な関係にある競技であること
　現代の剣道では勝敗を「競い合う」ことに力が注がれていますが、そもそも試合は稽古で磨き上げたものを「試し合う」場です。試合だけを特別なものとせず、稽古と合わせて修行の手段と考えましょう。「試合は稽古の如く、稽古は試合の如く」という言葉のとおり、どちらも真剣勝負のつもりでのぞむことが上達への近道となります。

PART 1　剣道の特性

剣道の特性と魅力②

特性と魅力3
全身の機能を高め、健全な心身を育てる運動

剣道の運動としての特性には以下のようなものがあります。

●独特の構えと打突が健康に効果的
　剣道の独特の構えは、健康に良いとされる「自然体」の姿勢が基本となっています。自然体とは、体のどこにも無理な力が入っていない人間にとって理想的な状態です。また、剣道の打突は指先から全身をフルに使う、健康に効果的な運動といえるでしょう。

●敏捷性や巧緻性が養われる
　剣道では素早い動作とともに、高度で正確な技を繰り返し出すことが求められます。これによって敏捷性（素早さ）や巧緻性（体を巧みに動かす能力）が高まるため、さらに高度な技術が身につき、より質の高い剣道ができるようになります。

●瞬発力と持久力が高まる
　打突には瞬発力が必要で、試合で長時間動き続けるには持久力がなければなりません。剣道を続けていると、この相反する能力が身につき、全身の運動機能が高まります。

特性と魅力4
人間としての成長を助けてくれる

　剣道は体の成長とともに、心の成長を助けてくれるものです。剣道を通して以下のような精神面の成長が期待できます。

●積極性、自主性が育つ

　剣道では「攻める」「攻めて打つ」といった姿勢が重要なため、積極性が必要とされます。また、剣道は試合でも監督や周囲からの指示やアドバイスが禁止されているため、自分で考えて決断し、行動を選んで実行する、自主性が次第に育まれます。

●集中力、注意力、判断力、調整力が育つ

　剣道の稽古や試合では、相手の力量や気力、心の動きを見抜き、それに対応するにはどうするか、瞬時に結論を出さなければなりません。そこには集中力、注意力、判断（決断）力、調整力が働き、そのときのベストな行動をとることになります。

●自分と相手への節度ある態度や礼の心が育つ

　剣道では「稽古や試合の相手は体を鍛え、技を磨き、心を養うためのよき協力者である」と考えます。相手の人格を尊重し、敬意と感謝の念を持ちながら、節度ある態度で接しましょう。そうすれば試合や稽古で相手に感情的になることもありません。人ばかりではなく、道場に対しても同じです。道場は自分を鍛え、磨く場所。俗世間とは異なる清浄な場ととらえ、入退場の際は必ず礼をするようにしましょう。

PART 2　剣道の基礎知識
剣道具について①

竹刀の各部名称

　指導者や先生の説明、ルールを理解する上でも竹刀各部の名称を覚えておこう。なお、中学生は長さ114cm以下、重さは男性440g以下、女性400g以下の竹刀を使うよう決められている（太さ、その他の規則もあり）。

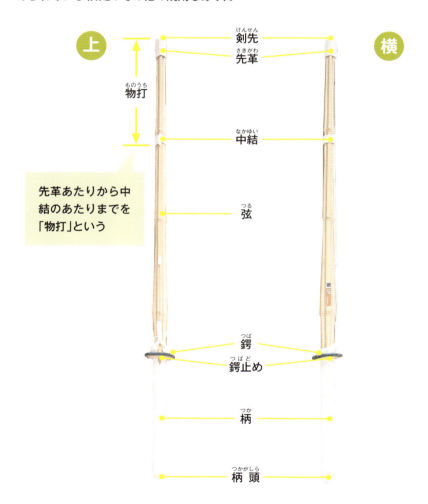

先革あたりから中結のあたりまでを「物打」という

剣道は日本刀で相手と戦う技術が始まりとされる。その後、木刀による形稽古の時代があり、現代剣道の竹刀を使った稽古や試合が行われるようになった。ここでは心と体、技術の融合を体現する道具、竹刀についての基礎知識を紹介する。

竹刀の安全確認

　こわれた竹刀を使うことで思わぬ事故につながることもある。とくに、稽古前には竹の折れ、ささくれ、弦のゆるみ、中結の切れやゆるみ、先革の破れなどがないか、必ず確認する習慣をつけるようにしよう。

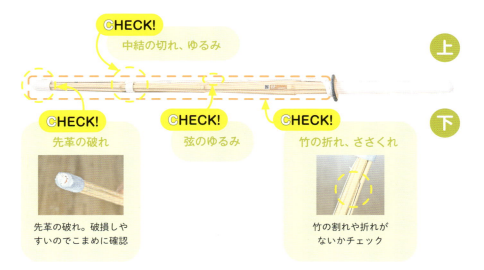

CHECK! 中結の切れ、ゆるみ

CHECK! 先革の破れ
先革の破れ。破損しやすいのでこまめに確認

CHECK! 弦のゆるみ

CHECK! 竹の折れ、ささくれ
竹の割れや折れがないかチェック

上
下

日本刀と木刀の基礎知識について

　剣道の発展の根底には日本刀の存在があることを知っておこう。また、木刀は段級審査の対象となる日本剣道形で用いられるほか、正しい刃筋や鎬を使った技術を身につけるためにも有効な稽古道具となる。

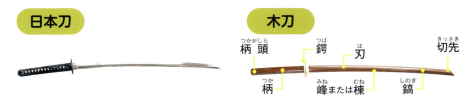

日本刀

木刀
柄頭（つかがしら）　鍔（つば）　刃（は）　切先（きっさき）
柄（つか）　峰または棟（みねまたはむね）　鎬（しのぎ）

13

PART 2　剣道の基礎知識
剣道具について②

面

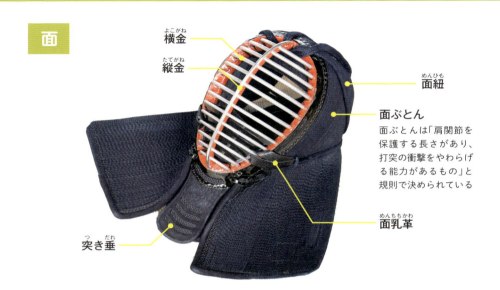

- 横金（よこがね）
- 縦金（たてがね）
- 面紐（めんひも）
- 面ぶとん

面ぶとんは「肩関節を保護する長さがあり、打突の衝撃をやわらげる能力があるもの」と規則で決められている

- 面乳革（めんちちかわ）
- 突き垂（つきだれ）

小手

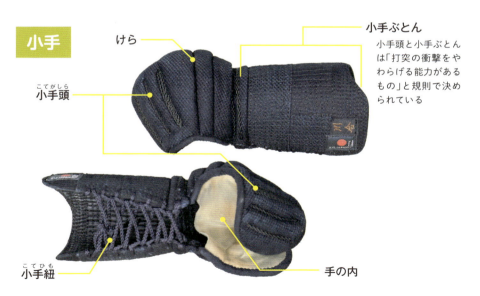

- けら
- 小手ぶとん

小手頭と小手ぶとんは「打突の衝撃をやわらげる能力があるもの」と規則で決められている

- 小手頭（こてがしら）
- 小手紐（こてひも）
- 手の内

剣道のルール『剣道試合・審判規則』では「剣道具は、面、小手、胴、垂を用いる」としている。また、面ぶとんの長さや強度、小手の長さや小手頭と小手ぶとんの強度についても規則がある。それぞれの剣道具の部位名称を覚えておこう。

胴

- 胸乳革（むねちちかわ）
- 胴胸（どうむね）
- 胴乳革（どうちちかわ）
- 胴紐（どうひも）
- 胴台（どうだい）

垂（たれ）

- 前帯（まえおび）
- 垂紐（たれひも）
- 大垂（おおだれ）
- 小垂（こだれ）

PART 2 剣道の基礎知識
剣道着・袴の着装

剣道着・袴　着装のポイント

　剣道着は襟が開かないようにしっかり合わせ、首と襟首を密着させる。袖の汚れやほころびにも注意しよう。袴の長さはくるぶしが隠れる程度とし、裾が「前下がり、後ろ上がり」となるように着装する。

前

CHECK!
襟をしっかり合わせる

CHECK!
胸紐は横結びに。縦結びはほどけやすい

CHECK!
袖の長さは肘が隠れる程度

CHECK!
裾に汚れやほころびがないか

横

CHECK!
首に襟首をピッタリと着ける

CHECK!
背中の部分が大きくふくらまないように

CHECK!
袖口のほころび、破れにも注意する

CHECK!
袴の長さはくるぶしが隠れる程度

CHECK!
袴の裾が「前下がり、後ろ上がり」になるように着ける

NG×
首と襟の間があいている

NG×
背中が袋のようにふくらんでいる

NG×
袴の裾が前上がりになっている

剣道着や袴を正しく着装しないと、稽古や試合中の服装の乱れ、さらには剣道具の着装の乱れにもつながる。これは見苦しいばかりではなく、動きづらい状況にもなるので注意したい。また、汚れやほころびがないかもつねに確認しよう。

手ぬぐいのかぶり方

かぶる途中で手ぬぐいをゆるめず、しっかり着けること。頭に密着させないと稽古中にずれてしまう。前髪のはみ出しや、目に汗が入るのを防ぐ役割もある。

簡単な手ぬぐいのかぶり方

1 手ぬぐいの表を自分に向けて、両端の近くを持つ

4 もう一方の端も **3** と同じように顔にかぶせるようにして引っ張る

❶ 手ぬぐいを手前に半分に折る

❷ 横の長さの半分くらいのところで、一方を斜めに折る

2 手ぬぐいの中心が額の上にくるようにかぶる

5 前に垂れている手ぬぐいを上げて、両手で先端部を内側へ折り曲げる

❸ 反対側も同じように斜めに折る

❹ 手ぬぐいを裏返しにする

❺ 左右の端の部分を内側に折る

3 手ぬぐいの端を持ちながら、顔にかぶせるにようにして引っ張り、しっかりおさえる

6 全体を整えて完成

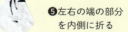

❻ 三角形の部分を上へ折りながら内側へ入れこむ

❼ 帽子のような形の手ぬぐいが完成

PART 2　剣道の基礎知識
剣道具の着装①

剣道具 着装のポイント

剣道具を正しく着装することは礼儀作法の基本。場合によっては自在な動きの妨げになることもある。稽古や試合中にずれたり、ほどけたりしないように心がけたい。とく

前

CHECK!
面ぶとんと突き垂の間にすきまをつくらない

CHECK!
胴は着ける高さ、左右の傾きにも気をつける。胴の上紐の結び方は特殊なので、正しく結べるようにしておこう（P20参照）

物見

CHECK!
目の位置と物見を合わせる。物見とは横金（面金）の上から6本目と7本目の間のこと。ここから面の外が見えるようにする

剣道具（面、小手、胴）の着装の乱れは、見た目が悪く、安全面でも思わぬトラブルになることがある。体の動きにも悪影響を及ぼすので、正しく、しっかりと身に着けたい。とくに面は物見と目の位置を合わせ、目の高さで面紐を結ぶこと。

に面紐は必ず目の高さで結ぶこと。結ぶ位置が高いと面がはずれやすく、低いと耳が圧迫されるため、竹刀が当たると鼓膜を損傷することもある。

横

CHECK! 面紐は長さをそろえ、40cm以下に

CHECK! 胸にピッタリと合わさるように胴胸を着ける

CHECK! 小手紐は長く垂らさない

CHECK! 2本の面紐をそろえる

CHECK! 目の高さで面紐を結ぶ。結ぶ位置が上や下にずれると危険な状況になりやすい

PART 2 剣道の基礎知識
剣道具の着装②

胴の上紐の結び方

　胴の上紐を胸乳革に結ぶ方法は少し難しい。しかし、ここをしっかり締めないと胴が傾くなど安定しない。最初は着装のたびに意識して覚えるようにしたい。

1 胴の上紐を胸乳革に通す

2 通した紐を二つ折りにして輪をつくる

3 右手で輪の先に残った紐を持ち、背中から回している紐の下を通す

ここで輪をつくる

4 3の紐を前へ出しながら輪をつくる

5 4でつくった輪を2の輪の中に通す

6 胸乳革に紐が締まるように長さをそろえてととのえる

7 しっかり締めて完成。左右両方の結びが対称になるようにする

剣道具を選ぶ、購入するときの注意

　剣道具はネット通販などでも販売されているが、最初のうちは実際に武道具店へ行き、現物を体にあてて、サイズや重量などを確かめよう。選び方がわからないときは、武道具店や指導者など、剣道の専門的な知識のある人にアドバイスを受けるとよい。
　とくにサイズ選びは慎重に。成長期で体が大きくなっても使えるようにと、大きめの剣道具を買うことが多いが、あまり大きすぎると動きがとりずらく、安全面でもトラブルになりやすい。武道具店などに相談して、適切な大きさのものを選ぼう。なかでも頭は身長のような大きなサイズ変化がないので、面に関してはピッタリのサイズを買うほうがいい。

剣道具をベストな状態に保つ

　剣道具をつねにベストな状態で使えるようにしておくことは、技術の上達のためだけではなく、自分や相手のケガの防止にもつながる。面や小手の手の内の破損、面紐や胴紐の切れなど、稽古前後にはつねに安全確認をするようにしたい。
　また、面や小手を気持ちよく使うには、水で濡らしたタオルをよくしぼり、使った後の面や小手を拭くことを習慣にする。除菌スプレーを使うのもいい。乾燥室が理想的だが、難しい場合は風通しのいい部屋や、除湿機の利用など、保管方法も工夫してみよう。

突き垂と面ぶとんを固定する革が切れている。このまま使うと竹刀が入り込むような危険もある

小手は手の内が破れたり、穴があいたりする。指が出てしまうと思わぬケガをすることがある

PART 2 剣道の基礎知識
礼法 ①

立礼

かつて立礼には「神前(場)への礼」、「師への礼」、「同輩への礼」の「三節の礼」があるとされた。現在は神前・正面・上座・上席・師への礼は上体を30度前傾させ、試合の対戦相手などへの相互の礼は上体を15度前傾させるのが一般的。

神前・正面・上座などへの礼

前

姿勢を正して礼をする
相手に注目した後、
上体を30度傾けて礼をする。
このとき相手から
目を切っても
(はずしても)いい

横

背すじを伸ばしたまま、
腰から上体を
30度前傾させる

 Point
背すじはまっすぐ
のまま、腰から上体
を折る

相互の礼

前

試合での「立合いの
間合」などに行う
相互の礼は、
相手の目に注目したまま、
上体を15度傾けて礼をする

横

背すじを伸ばしたまま、
腰から上体を
15度前傾させる。
相手に隙をあたえないように
目を切ら(はずさ)ない

「礼に始まり礼に終わる」といわれる剣道の礼法には、つねに油断のない振る舞いや行動が求められた、武士の日常の行動様式が受け継がれている。ここでは礼法の立礼、座礼に加えて、正座や座り方、立ち方などの作法も紹介する。

座礼

座礼は正座の姿勢で礼をする礼法。首を曲げたり、お尻を浮かしたりせず、背すじをまっすぐ伸ばしたまま、腰から上体を前へ傾けること。床に着けた両手の親指と人差し指で三角形をつくるようにし、その中へ鼻先を向けるようにする。

前

1. 正座の姿勢で相手に注目する
2. 背すじを伸ばしたまま、腰から上体を傾け、両手を同時に床に着ける
3. 肘を曲げながらゆっくりと頭を下げる

Point 三角形をつくるように両手を床に着け、その中に鼻先を向ける

横

1. 正座の姿勢
2. 上体を倒しながら、両手を同時に床に着ける
3. この姿勢をひと呼吸ほどとった後、両手を同時に床から離して正座に戻る

Point 背中と頭部が一直線になり床とほぼ平行になるように

PART 2 　剣道の基礎知識
礼法 ②

正座

　道場で他人の稽古を見るときや、試合を待つときなどは正座の姿勢をとる。肩の力を抜いてあごを軽く引き、背すじをまっすぐに伸ばすこと。両手は太ももの上へ自然に置いて、両膝の間を拳ひとつ分、または、ふたつ分程度あけるようにしよう。

前　あごを引いて口を閉じ、視線は前方へ。肩の力を抜いて両手を太ももの上へ置く

横　背すじを伸ばしたまま、腰をやや前へ出すようなつもりでお尻をおろす。両足はそろえるか、右足の親指を上にして重ねてもいい

剣道具の持ち方、置き方

試合会場などで剣道具を持って移動するときの作法。左手で竹刀を持ち、右手には小手を中に入れた面を持つ

試合を待つ間など、剣道具を置くときの作法。竹刀は体と平行にして左側に置き、面は小手の上にのせて右斜め前へ置く

Point　竹刀の鍔と膝が平行な位置になるように置く。小手は小手頭を右側に向ける

座り方・立ち方

剣道には座り方と立ち方の作法を教える「左座右起」という言葉がある。これは「座るときは左足から動作を起こし」、立つときは「右足から先に動作を起こす」ことを示している。どちらも両肩をやや後ろへ引くようにしながら行うとバランスが保ちやすい。

座り方

1 姿勢を正してまっすぐ前を見る

2 左足を後ろへ引く。「左座右起」の左座の動き

3 左足のつま先を立てながら、左膝を床に着ける

4 右足を後ろへ引いて右膝を床に着き、つま先立ちに

5 両足をそろえて床に着き、かかとの上にお尻を下ろす

立ち方

1 正座の姿勢から

2 両膝は床に着けたまま、両足のつま先を立てる

3 そのまま腰を上げる

4 右足を前へ出して立ち上がる。「左座右起」の右起の動作

5 両足をそろえて立つ

PART 3　基本動作
正しい姿勢（自然体）をつくる

自然体の姿勢をとるポイント

自然体の姿勢をとるには、アゴを軽く引いて肩の力を抜き、首から背すじをまっすぐに伸ばす。おへその下あたりに少し力を入れ、下腹をふくらませるように呼吸してみよう。両足はかかとが軽く床に触れる程度にする。

前　　横

自然体をつくるチェックポイントは次の5つ。

- アゴを軽く引く
- 肩の力を抜き、首すじと背すじをまっすぐ伸ばす
- 腰を立て、下腹部にやや力を入れる
- 下腹をふくらませることを意識して呼吸する
- かかとを床に軽く着ける

自然体とは、体のどこにも無理な力が入らない、安定感のある姿勢のこと。スムーズな移動や相手の動作にも自由に対処でき、剣道の構えの元となる体勢でもある。いつでも自然体がとれるようにしておこう。

自然体のつくり方

うまく自然体がとれないときは、「肩まわし」や「その場ジャンプ」がおすすめ。肩をまわすと自然と肩の力が抜け、首すじと背すじが伸びる。その場でジャンプすると真上に飛ぶことを意識するため、自然と体は真下に降り、体をまっすぐ立たせることができる。

肩をまわす

肩を大きく前後に2～3回まわすと肩の力が抜け、背すじ、首すじも伸びる。

その場でジャンプする

真上にジャンプして降りると、スッとまっすぐに立つことができて自然体がとれる。

PART 3　基本動作
構えと目付け①

竹刀の握り方

　竹刀の握りは、両手とも人差し指と親指の分かれ目を弦の延長線上に置き、小指と薬指を締め、中指は軽く締め、人差し指と親指は軽く添える程度にする。左手は柄頭いっぱいに、右手は人差し指だけが鍔に触れるように握る。

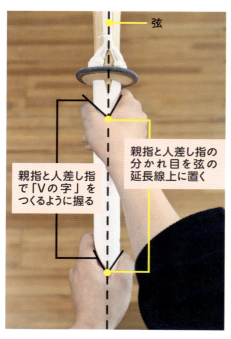

弦

親指と人差し指で「Vの字」をつくるように握る

親指と人差し指の分かれ目を弦の延長線上に置く

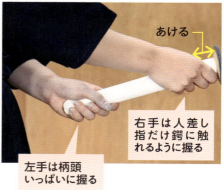

あける

右手は人差し指だけ鍔に触れるように握る

左手は柄頭いっぱいに握る

 Point
両手とも小指と薬指を締めて握り、中指はやや弱めに、人差し指と親指は添えるように握ればOK

28

剣道の基本的な構えには「中段、上段、下段(げだん)、八相(はっそう)、脇構え(わきがまえ)」があるが、現代剣道では「中段」と「上段」の構えが一般的となっている。目付け(めつけ)とは目線のことで、目を中心に相手の全体を見るのが基本とされている。

正しい手の内をつくる

　手の内とは竹刀の握り方、打突したり応じたりするときの両手の力の入れ方と緩め方、そのバランス具合などをさす。「竹刀を握った指の力の入れ具合」と考えればいい。手の内が正しくつくれると、竹刀の操作が自在となり、打突もよくなる(冴える(さ))。

打突の冴える手の内をつくる(左手)

　力まず、冴えた打突ができる手の内をつくるには「小指と薬指は強」「中指は中」「人差し指と親指は弱」、3段階の力の入れ具合を意識しながら竹刀を握ってみよう。5本の指で同じように強く握ると、竹刀を思うようにコントロールできない。

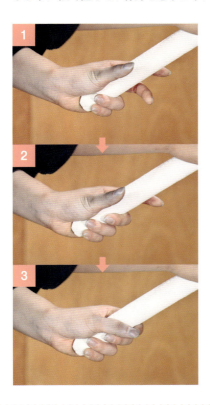

ADVICE

打突するときは小指と薬指をキュッと締めると、剣先がスーッと伸びた「のびやかな打ち」になる。速く竹刀を振ろうとして指全体でギュッと握ると、力がそこで止まってしまい、剣先まで伝わらない。ここでも「正しい手の内」が生きてくる。

PART 3　基本動作

構えと目付け②

正しい構え方（中段の構え）

相手から見ると隙がなく、自分からはいつでも攻めていける体勢が「正しい構え」。左手の親指の付け根は正中線の上、へそのやや下で、体から握りこぶしひとつ分ほど前に置く。一足一刀の間合（P58参照）になったとき、剣先の延長が相手の両目の間か左目を指すようにする。

正中線 ※体の中心を縦に通る線

前

目線（目付け）は相手の目を中心に全身を見る

左手の親指の付け根を正中線の上に置く

足の踏み方

両足に等しく体重をかけ、重心を体の真ん中に置く

両足の間はこぶしひとつ分あける

横

左手はへそのやや下で、体からこぶしひとつ分ほど離した位置へ

足の踏み方

前足のかかとは皮だけが床と触れるイメージ

後足のかかとは床からわずかに上げる

前足のかかとと、後足のつま先を平行（横一線）にする

体の中心の真下に重心を置く

COLUMN

目付けとは？

「目付け」とは構えたときの目線のこと。相手の心の動き、動作の起こりを感じ取る上で重要なものとされてきた。1点だけを見るのではなく、相手の目（顔）を中心に、全身を見ることが基本とされている。

PART 3 基本動作
竹刀の構え方と納め方

竹刀の構え方

提刀から帯刀の姿勢をとり、右足をわずかに出しながら竹刀を左斜め上へ抜くようにして、

5
左手で柄頭を握って両手を前方へ下げ、中段の構えになる

4

3
左足をわずかに前へ出しながら、右手で鍔元を下から握り、竹刀を左斜め上へ抜いていく

竹刀の納め方

中段の構えから左手をはなし、右手で竹刀を左斜め後方へ回す。弦を下にして竹刀を

5
竹刀を腰の位置から下ろして提刀の姿勢

4
右足をわずかに引いて帯刀の姿勢

3
弦を下にして竹刀を腰の横へとり、左手で竹刀を握る

竹刀を構えるとき、納めるときにもきまりがある。試合での作法となる「立ち会いの礼法（次のページ参照）」にもつながるものなので、正しい方法を身につけたい。提刀、帯刀の姿勢や竹刀を握る位置、竹刀の軌道にも注意。

Point

提刀は弦を下に向けた竹刀を左手で自然に提げた姿勢。帯刀は提刀から竹刀を腰に引きつけた姿勢。

中段の構えになる。

2 左手を腰に引きつけ帯刀の姿勢をとる

1 提刀の姿勢をとる

親指を鍔にかけない

親指を鍔にかける（竹刀の場合はかけなくてもよい）

剣先を後ろ下がり45度の角度に

左手で握り、右足を引いて帯刀の姿勢をとる。

2 右手で竹刀を上から左斜め後方へ回す

1 中段の構え

33

PART 3 / 基本動作
立ち会いの礼法

試合場への入場〜試合開始まで

蹲踞の姿勢〜試合開始

6

蹲踞（そんきょ）の体勢で相手と向き合う。審判の「始め」の声で立ち上がって試合開始

5

4

開始線の上で竹刀を上から回して抜く（下から抜かない）

試合終了〜試合場の退場まで

下がって提刀〜相互の礼〜退場

立ち上がって帯刀

6

帯刀のまま左足から5歩下がって提刀。両足を揃えて相互の礼の後、下がって退場する

5

立ち上がって帯刀の姿勢をとる

4

竹刀を納める。完全に納めた後に立ち上がること

立ち会いの礼法は、試合前後のながれの中で守るべき礼儀作法。「試合場への入場から試合開始まで」と「試合終了から試合場を退場するまで」の2つに分けられる。審判や試合相手に失礼のないよう正しく行いたい。

試合会場への入場 〜 相互の礼〜帯刀 〜 開始線へ進む〜竹刀を抜く

1 試合場に入って提刀の姿勢。開始線まで3歩の位置に立つ

2 相互の礼の後、竹刀を腰に引きつけて帯刀の姿勢をとる

3 右足から前へ出て開始線へ。3歩目を踏み出しながら竹刀を抜き始める

試合終了〜蹲踞の姿勢 〜 蹲踞のまま左斜め後方へ竹刀を納める

1 試合が終わったら開始線に戻り、中段の構えから蹲踞の体勢へ

2 蹲踞のまま竹刀を左斜め後方へ回す

3

PART 3　基本動作　足さばき①
歩み足

前への歩み足

　歩み足は遠い間合からの打突や、遠い距離を移動するときの足さばき。床の上をすべるように移動する「すり足」が基本となる。

すり足で氷の上をすべるように移動

後ろへの歩み足

　後ろへの歩み足もすり足で、体が上下に揺れ動かないよう、スムーズに移動する。

後ろへもスムーズでバランスの安定した移動ができるように

 首すじを立てて体をゆったりとさせ、腰から床と平行に移動するイメージで！

足さばきとは、打突をしたり、相手の打突をかわしたりするための足の運び方。体のさばきの基本となる動作であり、剣道ではとくに重要視されている。技術の基礎となる5つの足さばきをしっかりマスターしよう。

上体がブレたり、上下動しないように移動

上体がブレたり、上下動しないように移動

スタート

PART 3　基本動作　足さばき②
送り足

前への送り足

膝をやわらかく使い、すり足で移動する。後足の引きつけを素早く行うこと。

後ろへの送り足

どの方向への移動でも後足のかかとが床につかないように。下がるときはとくに注意。

送り足は「一足一刀の間合（P58参照）」から打突するときや、1～2歩の近距離を素早く移動するときに用いる足さばき。前後、左右、斜め前後とあらゆる方向に使われ、さまざまな技とも関連するのでしっかりと身につけたい。

横への送り足

左方向への移動は構えたときの後足（左足）から踏み出す。斜めへの移動でも同じ。

横への移動でも上体はつねにまっすぐ

送り足の動き

送り足は両脚が交差しない足さばき。「前や右方向」へは右足から踏み出し、「後ろや左方向」へは左足から踏み出すようにする。これは前後、左右、斜め、どの方向へも共通。

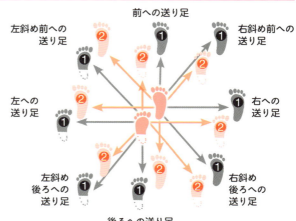

39

PART 3　基本動作　足さばき③
開き足　継ぎ足・踏み込み足

開き足

　右に開くときは右足を右斜め前へ踏み出し、左足を右足に引きつけて相手に体を向ける。左へは右足の場合と左右対称の動きになる。

右へ

右足の踏み出しと同時に、体を相手に向ける

左へ

左へ開くときは左足から踏み出し、右足を引きつける

開き足は体をかわしながら打突したり、相手の攻撃を防いだりするときの足さばき。近い間合から打突する状況で使うことが多い。継ぎ足は遠い間合から打突するときに使うことが多く、踏み込み足と連動させることが多い。

継ぎ足・踏み込み足

打突するときに後足で強く踏み切り、前足で強く床を踏みつける動作を踏み込み足という。継ぎ足と連動させることが多い。ただし、まずは継ぎ足と連動しない踏み込み足を身につけよう。

素早く後足を引きつけて踏み込み足の完了

前足で強く床を踏みつける

後足（左足）で強く踏み切る

後足を前足に引きつけて継ぎ足

開き足の動き

右への開きは右足から、左へは左足から踏み出して右足を引きつける。このとき左足が前、右足が後ろの位置関係となり、正しい足の構えと逆になる。

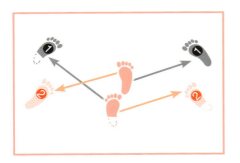

継ぎ足・踏み込み足の動き

継ぎ足は、前足を越えないように後足を引きつける。ここからすかさず踏み込み足（前足）で打突するケースが多い。

PART 3　基本動作　素振り①
上下振り

正しい刃筋で竹刀を上下に振る

　上下振りは竹刀をまっすぐ大きく振りかぶり、両手を内側に軽く絞るようにしながら振り下ろす。初めは「振り上げる」「振り下ろす」を2つの動作に分けて行う。次のステップではひとつの動き（一拍子）で竹刀の上げ下ろしができるようにする。

手の内を絞りながら、体の中心に沿ってまっすぐ振り下ろす

膝のやや下の位置で剣先を止める

後足（左足）で体を押し出すイメージで前へ！

素振(すぶ)りは剣道の技術を身につけるために欠かせないもの。竹刀を操作して正しい方向へ導く技術のほか、打突に必要な手の内、足さばきと竹刀を振る動作の連動などをマスターするために行う。ここでは7種類の素振りを紹介する。

 両拳と剣先は正中線上を移動させる

つねに両拳と剣先が体の中心(正中線(せいちゅうせん))からズレないように意識すると、打つ方向と刃部の向きが同じになり、正しい刃筋*で竹刀が上下に振れるようになる。

＊正しい刃筋とは「竹刀で打つ方向と、竹刀の刃部が同じ向きになっている」こと。

正中線の上でまっすぐに竹刀を振り上げる

43

PART 3　基本動作　／　素振り②
斜め振り

左手を正中線からはずさずに振り下ろす

　振り下ろすときは両手の手の内を締め、斜め45度程度の刃筋にする。振りかぶったときに、手首をしっかり返すことにも注意しよう。前後への移動と竹刀操作がスムーズな連動をみせるように練習したい。

斜め45度程度の正しい刃筋で

5
左手を体の中心(正中線)からずらさずに振り下ろす

4
竹刀の弦を斜め45度上、刃部を斜め45度下に向けて振り下ろす

6
膝のやや下まで振り下ろす

7
振り下ろした軌道を戻って竹刀を振り上げる

8

斜め振りは、竹刀を右斜め上から約45度の角度で膝の下まで振り下ろす。さらに、振り下ろした竹刀の軌道上（太刀筋）を戻って振りかぶり、左側でも同じ動作を行う。竹刀の刃部が斜め45度程度下を向いた、正しい刃筋で振ることを意識しよう。

手首の返しで45度程度の刃筋をつくる

大きく振りかぶり、手首を返した後、斜め45度程度の正しい刃筋で竹刀を振り下ろすこと。手首の力を抜くと、やわらかく手首を返すことができる。

3 大きく振りかぶった後、手首を返す

2

1

手首を返して振り下ろしていく

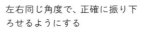

9 振りかぶった後に手首をねかせる（手首を返す、切り返す）

10 左右同じ角度で、正確に振り下ろせるようにする

11 初めは「振り上げる」「振り下ろす」を2つの動作に分けて行う

45

PART 3　基本動作　素振り③
空間打突　正面打ち

右手は肩、左手はみぞおちの高さで止める

　正面打ちは、つねに体の中心（正中線）を剣先が通るように竹刀をコントロールしたい。打つときは腰を入れて、両腕を十分に伸ばすことが大切。竹刀を止める位置の目安は、右手が肩のやや下あたり、左手がみぞおちの高さにきたところ。

前

2　剣先が正中線上からはずれないように振り上げる

3　左手が額の前へきたら振り下ろしていく

横

1　手首→肘→肩の順番にたわんでいくイメージで、やわらかく竹刀を振り上げる

上下振りや斜め振りで竹刀の振り方をマスターした後は、目標を正確に打突する練習をしよう。空間打突は相手が目の前にいると想定して打突動作を行う稽古法。打突時の姿勢、竹刀操作、足さばき、刃筋などを意識して取り組みたい。

正中線から剣先をずらさない

竹刀の振り上げ、振り下ろし、いつでも剣先（左手）が体の中心線上を通るようにする。中心線をはずれると正しく、強い打ちができない。

肩ではなく、胸と背中で竹刀を止めるイメージで！

4 右足を踏み出しながら振り下ろす

5 左手、剣先ともに体の中心線上にある

6 面があると想定される位置でしっかりと止める

「右手は肩のやや下あたり」「左手はみぞおちの高さ」で止める

4 スムーズに重心を移動させていく

6 肩→肘→手首と力が伝わっていくイメージをもって振り下ろす

PART 3　基本動作　素振り④

空間打突　左面・右面打ち

手首を返して斜め45度程度に竹刀を振り下ろす

　正面打ちと同じ振りかぶりから、手首を返して斜め45度程度の軌道（刃筋）で竹刀を振り下ろし、右（左）面の位置でしっかり止める。左手がつねに正中線上を通るように注意しよう。腕ではなく背中全体で竹刀を振り上げ、背中と胸で竹刀を止める意識をもちたい。

左面打ち

左手がいつも体の中心（正中線）にあるように

右面打ち

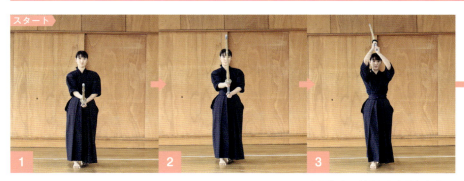

正面打ち、左面打ちと同じように大きく振りかぶる

左手を体の中心からはずさない

練習中に意識する点は2つ。竹刀を振り上げて手首を返し、斜め45度程度の正しい刃筋で振り下ろすこと。左手をつねに正中線の上に置くこと。

4 写真3から手首を返して打っていく

5 斜め45度の刃筋で竹刀を振り下ろす

6 左面の位置で竹刀をしっかりと止める

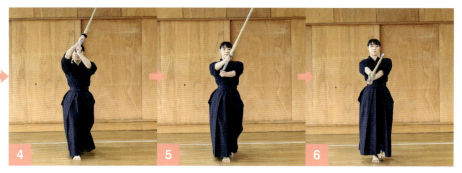

4 手首をやわらかく返す

5 左面、右面どちらも同じ角度で振り下ろせるように

6 肩の力を抜き、胸と背中で竹刀を止める

PART 3 　基本動作 ／ 素振り⑤

空間打突　小手打ち

面打ちと同じように上から下へ打つ

　小手打ちは横から小手を打とうとする人が目立つ。しかし、面打ちと同じように上から下へ振り下ろさなければ、正しい刃筋にはならない。相手の竹刀に沿わせるイメージで、竹刀が床と平行になる高さまで振り下ろそう。

スタート

1　　　　2　　　　3

面打ちに比べて小さな振りかぶりから打っていく

小手を垂直ではなく、斜めに切る

小手に竹刀を垂直（まっすぐ）に当てようとすると、体をくねらせて横から打ってしまいがち。最短距離で小手を打突するには「小手を斜めに切る」イメージをもつこと。

相手の竹刀と平行に、上から下へ振り下ろす

竹刀と床が平行になる高さで止める

4
小手を見ながら打たない！
相手の目を見ながら打つ

5
横から打たない！
上から下へ竹刀を振り下ろす

6
想定する右小手の位置でしっかり竹刀を止める

PART 3　基本動作　素振り⑥
空間打突　胴打ち

胴の打突時は左手が腰の高さになる

　胴打ちでは「斜め振り」や「空間打突の左面・右面打ち」で練習した手首の返しを生かす。斜め45度程度の角度で振り下ろした竹刀を、左手が腰の高さにきた位置でしっかり止める。ここでも左手が正中線から大きくはずれないようにしよう。

スタート

1　2　3

なるべく左手が体の中心からはずれないように

52

Point 胴を横から打たないように注意!

斜め上から45度程度の角度で打突しよう。最後は左手が腰の高さにきたところで竹刀をしっかり止める。なお、空間打突は鏡に向かって行うと、効果的な「ひとり稽古」になる。

横から打たない!
斜め上から打つ

左手が腰の高さになる位置で竹刀を止める

4 大きく振りかぶった後、手首を返して振り下ろす

5 斜め45度程度の刃筋で上から打つ

6 右胴の位置でしっかり竹刀を止める

PART 3　基本動作／素振り⑦
跳躍素振り

ドタバタしない！ 低い跳躍で静かに繰り返す

　前へ跳躍するときは左足を軸に、右足から踏み出して正面を打つ。後ろへ下がるときは右足を軸にして、竹刀を振りかぶりながら、左足から跳躍して後退する。床すれすれにジャンプし、テンポよく前後に移動。ドタバタと音をさせずに繰り返したい。

低く前へ跳躍して正面打ち　　**低く後ろへ跳躍してふりかぶる**

1. 中段の構えから竹刀を振りかぶる
2. 前へ低く跳躍しながら正面を打っていく
3. 正面の位置でしっかり竹刀を止める
4. 右足を軸にして、左足から低く跳躍して後ろへ下がる

跳躍素振りは、前後に素早く移動しながら空間打突の正面打ちを行う練習法。速い「足さばき、振り上げ、振り下ろし」を身につけることが目的となる。竹刀の振りと足さばきをうまく連動させることを意識しよう。

足腰の鍛練にもなる練習法

跳躍素振りで素早い送り足や速い打ち方をマスターすれば、試合でも有利な戦いができる。この練習は足腰を鍛えるためにも有効なので、毎日の稽古に取り入れるのもいい。

前へ跳躍して正面打ち

5

6 引きつけた右足が着地すると同時に竹刀を振りかぶる

7 ふたたび前へ低く跳躍しながら正面を打つ

8 稽古として行う回数の目安は30〜100回ほど

PART 3　基本動作
掛け声（発声）

大きな声で自分を励まし、相手を恐れさせる

　初心者や学生の中には大きな掛け声を出すことに、恥ずかしさを感じる人もいる。しかし、剣道に対するやる気が出てくれば、自然と大きな迫力のある掛け声になっていくもの。初めは大きな声を出すことを意識しよう。掛け声を行う目的には次のようなものがある。

●自分を励まし、気力を充実させる
●集中力を高め、士気（意気込み）を高める
●相手を恐れさせ（威圧し）、動きをおさえる
●相手の気の起こりや気の集中をくじく
●相手を迷わせる、動揺させる
●相手を引き出して誘う
●打突の強度や正確性を高める

掛け声を行うときのポイント
掛け声を行うときは次のような点を意識しよう。

●初心者はとくに大きな声を意識して出すようにする。
●打突の動作と掛け声を一致させる。
●打突した後に、自分の打突をアピールするような発声はつつしむ。
●相手をさげすむ言葉、失礼な言葉は使わない。
●声を掛けた後の息つぎは、一瞬の隙となるので注意する。

掛け声とは「心に油断がなく、気力の充実した状態」が声になって表れたもの。自分をふるい立たせ、相手を気力や迫力でおさえこむほか、竹刀操作を鋭くする目的でも行われる。稽古中から大きな掛け声を出すようにしよう。

大きく短い発声は竹刀の振りを速くする

打突のときははっきりとした大きな声で、鋭く打突部位を呼称しよう。

掛け声によって短く息を吐き出すことが腕の振りを速くし、打突のスピードを上げることにもつながる。

面を打つときは「メ〜ン」ではなく、腹の底から「メンッ！」。

小手を打つときは「コテ」ではなく「テ！」のイメージで。

メンッ！

お腹の底から勢いよく声が出るように「大きく、鋭く」発声しよう！

57

PART 3　基本動作
間合

一足一刀の間合から打つことを習慣に

　間合には「一足一刀の間合」「遠い間合」「近い間合」の3つがある。このうち基本となるのは「一足一刀の間合」。稽古ではつねに「一足一刀の間合」から相手を打つように心がけ、チャンスとなる間合の距離感を肌感覚で身につけよう。

一足一刀の間合

剣道の基本となる間合。その場から一歩踏み込めば相手を打突できる距離で、一歩下がれば相手の攻撃をかわせる距離をさす。

自分と相手との距離を間合と呼ぶ。「一足一刀の間合」「遠い間合」「近い間合」の違いを感覚で覚え、相手との距離が近いのか、遠いのか、打ち間（相手を打てる間合）なのかを瞬時にはかれるようにしたい。

遠い間合

一足一刀の間合よりも相手との距離が開いた間合。相手が打ち込んできても届かないが、自分の打突も届かない。

近い間合

一足一刀の間合よりも相手との距離が近づいた間合。そのまま手を伸ばせば相手を打てる距離だが、相手からも打たれる危険が高くなる間合でもある。

ADVICE

相手からはこちらが遠く感じられ、自分には相手が近く感じる間合をさがす

理想的な間合は「相手にはこちらが遠く感じられ、自分からは相手が近く感じる距離」となる。間合を意識した稽古の中で、自分の「打ち間（自分が打てる間合）」はどれくらいの距離なのかをみつけよう。

PART 3　基本動作　打突のしかた・打たせ方・受け方①
打突部位　有効打突

構えによって打突部位が異なる

構えによって打突部位に違いがある。中段の構えでは小手は右小手だけが打突部位になるが、中段の構え以外（上段の構えや下段の構えなど）では、左小手も打突部位に含まれる。なお、小学生と中学生は「突き」は禁止されている。

中段の構えの打突部位

正面
右面　　左面
突き
右胴　　左胴
右小手

右面、左面、小手の打突部位を再確認

左右の面や小手の打突部位は、知識があいまいだったり、誤解したりしている場合がある。ここでしっかり確認しておこう。

右面、左面の打突部位

左右面の打突部位は、ルールでは「こめかみ部以上」となっている。目安として、面紐と面淵の交わる部分からの延長線上を目標にしよう。写真は右面。左面もこれに同じ

小手の打突部位

手の甲がおさまる小手頭は小手の打突部位には含まれない。竹刀が当たったときにいい音がするので、小手打ちがきまったように勘違いされることも多い

打突部位とは打つ（打突する）目標となる部分のこと。正面、左面、右面、右小手、左小手、右胴、左胴、突きがある。いくつかの条件を満たしながら、これらの部位を正しく打突することで有効打突（一本）となる。

上段の構えの打突部位

下段の構えの打突部位

有効打突とは

有効打突は一般的に「気剣体の一致」とされている。「気」とは気力、「剣」は竹刀操作、「体」は体さばきや体勢のこと。これら3つの要素がタイミングよく調和し、一体となって働くことで有効打突の条件が成立する。

※有効打突についてはP144〜を参照

PART 3　基本動作　／　打突のしかた・打たせ方・受け方②
正面打ち

初めはのびのび。次の段階は速い打突動作で

　初めはここで紹介するように、送り足でゆっくりと振りかぶり、のびのびと正面を打つ。あわてなくて良いので、打突部位を正確に打つことを意識しよう。慣れてきたら動作のスピードを上げ、その次の段階では踏み込み足（P41参照）を使って踏み込んで打てるようにしていきたい。ほかの小手打ちや胴打ちも同じように行う。

十分に振りかぶり、左足で体を前へ押し出しながら、
右足を踏み出していく

元立ちは相手が打ちやすいようにさせる。しっかり打たせないと、打つ側にへんなクセがつくこともあるので真剣に

どちらも正しい姿勢と構えを崩さず、ふたりの呼吸を合わせて行う

両腕をしっかり伸ばして正面を打つ

空間打突で打突部位を正確に打突できるようになったら、次は元立ち（打たれる側）を実際に打突する稽古へステップアップしよう。相手がいても力みすぎず、手の内を意識した「強く、冴えのある打突」を身につけたい。

打つ側・打たせる側の心得

打突する側は振りかぶりと打ちが1拍子になるように。両拳を正中線の上からはずさず、竹刀の物打で正確に面を打つことを意識したい。打たせる側は、打つべき機会をつくり、打つ側が正確に打突しやすいように心がける。

元立ちは竹刀を少し右に開いて隙をつくる

打たれる側（左）が剣先をやや右に開き、打たせる機会をつくる

中段の構えで一足一刀の間合

受けるときは

正面打ちの受け方

打突を受ける稽古の目的は「元立ちには安全で、打つ側が効果的な打ち方を身につける」、「相手の打突を止めて、こちらの攻撃へ連動させる体勢をつくる」こと。これらを意識しながら行いたい。

表受け

わずかに前へ出ながら両腕を伸ばし、斜めにした竹刀の左側（表）で正面打ちを受ける

裏受け

表受けと同じように、竹刀の右側（裏）で打突を受ける。受けた後は、応じ技で反撃する体勢と心構えをもつこと

PART 3　基本動作　打突のしかた・打たせ方・受け方③
左面・右面打ち

頭上で手首を返し、斜め45度程度に振り下ろす

　左右の面打ちでは、右手だけに力を入れすぎないように注意し、左拳が体の中心（正中線）をはずれないようにする。振りかぶった頭上で手首を返し、斜め45度程度の角度で竹刀を振り下ろして左右の面を正確に打突しよう。

振りかぶりから、左足で体を前へ押し出しながら踏み込む

打突後は体の中心線上、みぞおちのあたりに左拳があるように

左足を引きつけ、両腕を十分に伸ばして左（右）面を打突する

つねに正しい姿勢で打突する

打突するときは上体を前傾させたり、反らせすぎたりしないように注意。腰を立て、背すじを伸ばした正しい姿勢を保つようにする。バランスを崩しやすい人は、左足の引きつけを素早く行うことを意識しよう。

元立ちが竹刀を開いて打突の機会をつくる

2 打たせる側（左）は竹刀をやや右へ開いて隙をつくる

1 中段の構え、一足一刀の間合

受けるときは

左面・右面打ちの受け方

左右面打ちの受け方は、正面打ちの受け方とは少し異なる。竹刀をほぼ垂直に立て、相手の打突を自分の肩の方へ引き込むようにして受けること。

左面打ち
竹刀を垂直に立て、竹刀の左側（表鎬）で左面打ちを受ける

右面打ち
竹刀を垂直に立て、竹刀の右側（裏鎬）で右面打ちを受ける

PART 3　基本動作　打突のしかた・打たせ方・受け方④
小手打ち

手先だけで打たない！ 体全体で打つ

　小手は手先だけで小さく打突しがちだが、体全体でしっかり打つようにしたい。打突したときに腰の引けた姿勢になる人は、左足の引きつけを素早く行うと腰の入った打ちができる。元立ちは剣先をやや上げて、相手を引き寄せるようにして打たせること。

左足で腰を押し出すイメージで踏み切り、
右足を踏み出して打突へ

面打ちに比べて踏み込む距離が短いことを意識する。同じように入ると打突が窮屈になるので注意！

腕を伸ばして正確に小手を打突する

Point 視線は相手の全体に。小手だけを見ない!

目標が小さい小手打ちは、打突時に小手へ目がいきがち。正しい姿勢を保つため、相手に打突する部位をさとられないためにも、相手の目を中心に全体を見ながら打突しよう。刃筋正しく上から下へ竹刀を振り下ろすこともポイント。

打たれる側は剣先を少し上げ、相手を誘うように打たせる

2 打たれる側（左）が剣先をやや上げて、相手に打突の機会をつくる

1 中段の構えで一足一刀の間合

受けるときは

小手打ちの受け方

小手打ちを受けた後は「すり上げ技（P116参照）」や「返し技（p120参照）」などへ展開できるよう、いつも意識しながら稽古したい。

表受け　両肘を伸ばし、剣先をわずかに右に開きながら左拳を内側にしぼるように前に出して、竹刀の左側（表鎬）で受ける

裏受け　右拳を内側にしぼりながら右前に出し、剣先を上げて竹刀の右側（裏鎬）で受ける。このとき剣先を相手の正中線からはずさないこと

PART 3　基本動作　／　打突のしかた・打たせ方・受け方⑤
胴打ち

左拳を腰の高さ、体の中心に置いて打つ

　初めは送り足でゆっくり振りかぶり、相手と正対してのびのび打とう。慣れてきたら動作を速め、右斜め前へ踏み込んで打つようにしたい。打ったときに左拳が右拳よりわずかに下にあり、しかも腰の高さで体の中心線上に位置していれば理想的。

4　右足を踏み出しながら胴打ちへ

3　振りかぶって手首を返し、左足で体を押し出すようにして前へ

5　相手と正対して(まっすぐ向き合って)右胴を打つ

平打ちにならないように！ 胴だけを見ない！

胴打ちは竹刀の側面で打つ「平打ち」になりやすい。振り下ろす刃筋を斜め45度程度にして、竹刀の刃部で正しく胴を打とう。打突のときは腰を立てた姿勢で相手に正対し、体をねじ曲げたり、腰が引けたりしないように注意。

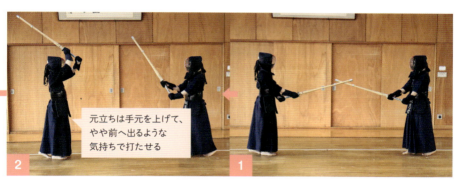

2　打たれる側（左）は手元を上げ、打突の機会をつくる

元立ちは手元を上げて、やや前へ出るような気持ちで打たせる

1　中段の構えで一足一刀の間合。ここでは右胴打ちを紹介する

受けるときは

胴打ちの受け方

ここでは2つの胴打ちの受け方を紹介する。胴打ちを打ち落とす受け方は「打ち落とし技（P124参照）」へ連動させる稽古をしたい。

表受け

左足を左斜め前に出して体を開き、瞬間的に右拳が左拳の右下になるようにして、竹刀の左側（表鎬）で受ける

打ち落とし

左足から左斜め後ろに体をさばきつつ、体の右斜め前で胴打ちを打ち落とす

PART 3 基本動作
体当たり

相手を吹っ飛ばすつもりで腰から当たる！

体当たりをするときは、打突で踏み込んだ勢いのまま、腰から相手を後ろへ吹き飛ばすようにぶつかっていく。当たるときは肩と腕の力を抜き、手元を下げて左拳をへその

3 肩と腕の力を抜き、手元を下げて当たっていく

元立ち（受ける側）は、半歩〜1歩前へ踏み出して体当たりを受ける

左拳をへその前へ置き、すぐに次の動きがとれる体勢をとる

斜め下へおさえこむ

体当たりの瞬間、上下からの力がぶつかり合うようにする

斜め上へ吹き飛ばす

4 踏み込んだ勢いのまま当たる。打ちと体当たりをひとつの動作に

ADVICE

体格差のある中学生の時期は、体が大きい人は体当たりを積極的に使うのもいい。逆に体が小さければ、体当たりを上手にさばいて打つ練習をするなどして対策をとろう。

体当たりは打突した勢いを利用して、相手に体ごと当たっていく動作。相手が攻めようとする気持ちを弱めたり、相手の体勢を崩して打突のチャンスをつくるのが目的となる。左拳を正中線上に置いたまま、腰から当たっていこう。

あたりに置くこと。こうすれば安定した姿勢がとれ、すぐに次の動作や打突へとつなげられる。

踏み込んで打突する

NG ×

次のような行為は反則やマナー違反、危険なのでつつしむこと。

顔や上半身だけを押す（当たる）

相手の体勢を崩せないうえ、状況によっては反則になる

頭を下げて当たる

相手を崩せないばかりか、思わぬケガをするので要注意！

相手を下から押し上げる

体当たり後に相手を押し上げる「かちあげ」は、大ケガにつながる危険な行為。絶対にやらないこと

PART 3 基本動作
鍔ぜり合い

左拳を正中線の上に置く

　鍔ぜり合いでは、竹刀をやや右斜めにして手元を下げ、鍔と鍔を合わせよう。このとき左拳を体の中心(正中線)からずらさず、下腹部に力を入れ、腰を十分に伸ばすこと。相手と「背くらべ」をするようなイメージで向き合いたい。こうすれば安定した姿勢がとれ、すぐに次の動作や打突へとつなげられる。

この鍔ぜり合いの状態が続けられるのは「ひと呼吸(3秒程度)」まで。それ以上続けると、どちらかが反則となる(詳しくはP151を参照)

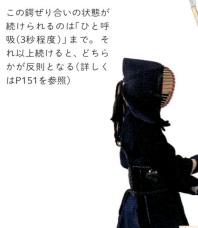

左拳の高さは「中段の構え」とほぼ同じ、正中線から大きく外さない。これが体の安定をつくり、ずれると相手に力負けしてしまう

相手と背くらべするイメージで

鍔ぜり合いでは、姿勢が前へ傾きすぎないように注意。首と腰をまっすぐに伸ばし、相手と背くらべをするような気持ちで向き合おう。

相手を攻めたり、相手が攻めてきたときに、互いに体が接近して鍔と鍔がせり合う状態を「鍔ぜり合い」という。積極的に攻撃のチャンスをつくる状況であり、一時的な休みや時間の引き延ばしに使うものではない。

GOOD ○

お互いに適正な間合を保ちつつ、鍔と鍔を合わせて競り合うのが正しい鍔ぜり合いの形

NG ×

よく見られる鍔ぜり合いの悪い例。このような行為は反則やマナー違反となる。

拳が刃部に触れている
竹刀の刃部（刀の刃の部分）に触れると反則になる

拳で相手の鍔をおさえる
拳で相手の鍔をおさえ、竹刀操作できないようにする

逆交差で竹刀の動きを妨げる

正しい鍔ぜり合いとは逆に竹刀を交差させ、相手の竹刀操作を妨害する

PART 4 応用動作

「攻め合い」を制する極意

1. 三殺法の「気・剣・技」で攻める

剣道には「三殺法」という教えがあります。相手を制するために「気・剣・技」の働きを封じる（殺す）、というものです。相手を攻めるテクニックとして、次の３つはぜひ知っておきましょう。

気で攻める

相手を気力で圧倒し、相手の攻めようとする気持ちをくじくこと。掛け声も含めて「行くぞ！」という気迫を押し出すことで、相手は受けにまわってしまう。

剣で攻める

お互いに中段の構えで正しく相対していると、打突のチャンスは生まれない。そこで相手の竹刀を「押さえる」「払う」「はじく」など、主に剣先の働きで相手の竹刀の働きを制するようにする。以下のようなケースがある。

●中段の構えで、竹刀の表（裏）鎬で相手の竹刀をずらし、剣先が相手の正中線に向いた（中心をとった）機会をとらえて打突する。

●竹刀をずらされる、押さえられるなどを相手が嫌がり、押し返してきた力を利用して竹刀を振り上げて打突する、など。

技で攻める

自分から積極的に技をしかけ、相手に技を出させないようにすることも攻めのひとつ。さらに、構えの充実も攻めの機会をつくることにつながる。良い構えは最小限の力で相手の攻めを受けられ、受けた後も体勢が崩れず、隙を与えづらい。すると相手は攻め手がなくなり、次第に焦って隙ができるようになる。

攻める、攻められるといった「攻め合い」は、お互いの剣道の技術を向上させる。ここではさまざまな攻めの形やテクニック、考え方を紹介。これらを理解した上で本章の応用技術を稽古し、より一層の技術向上につなげよう。

2. 一瞬の隙を逃さずに攻める

　剣道の基本は「攻めて打つ」ことにあります。攻めるとは、自分に有利な間合をとりながら、相手を制したり、変化（反応）させたりすること。相手の油断やミスを見逃さず、その一瞬の隙をつくことです。例えば、
●身構えが崩れると、剣先が中心から外れて隙ができる。
●中途半端な技（打突）を出そうとしたり、出したりした後は隙ができる。
●驚いたり、恐れたり、疑ったり、迷ったりすると、「気構えが崩れる」「居つく」などの誤作動を起こしやすい。
　このような状況が起きる中で、お互いに攻め合うわけです。しかもその隙は瞬間的に現れて消えます。ですから素早く対応するには、これから起きるであろう現象を「予測できるか」「反射的に打てるか」「予測と反射を兼ね備えた反応ができるか」にかかってきます。
　そのためには日頃から「相手の隙を見つけ、すかさず打突する」という意識をもちながら稽古にのぞみ、攻める機会を逃さない目と感覚を養うことが大切になります。

　ここで紹介したいろいろな攻め方を取り入れながら、「自分からすすんで攻めること」を実践してください。「先手をとる」という積極的な姿勢を貫くことで、技術の向上や試合での好結果が期待できます。そのためにもまずは、次のページから始まる「しかけ技」を身につけてください。こちらから攻める技ができるようになると、相手の打ってくる機会や部位がある程度予測できるようになるため、自然と応じ技もできるようになります。

75

PART 4　応用動作／しかけ技
一本打ちの技　面打ち

小さな振りかぶりから腰を入れて打つ

相手の剣先が開いた瞬間をとらえ、小さく振り上げながら踏み込んでいく。打突するときは右腕を肩の高さで伸ばし、左拳はみぞおちの前あたりにあるのが理想的。速く打とうとして手だけで打ちがちになるので、しっかり踏み込み、腰を入れて打つようにしたい。

腕を伸ばし、腰を入れて面を打つ

打突後は相手の横を抜けて残心をとる

「一本打ちの技」」は、こちらの攻めによって相手の構えが崩れたところ(剣先の変化)をとらえて打ち込む。剣先が開いたら「面」、剣先が上がったら「小手」、手元が上がったら「胴」を打っていく。十分に攻めてから打突しよう。

動画でチェック！

しかけ技とは

しかけ技は相手の技が起きる前に、こちらから積極的に攻め(しかけ)、相手に隙ができたところを打突する技。「連続技(P82~)」「払い技(P90~)」「引き技(P94~)」「出ばな技(P100~)」などがある。

2 相手の剣先がわずかに開いた瞬間をとらえ、小さく振りかぶりながら踏み込んでいく

1 遠い間合から相手を攻めて、打ち間に入る

3

Point 動き出しから打突までを一拍子で

構えから踏み込み、打突までを一つの動作(一拍子)で行うとともに、より遠くから打てるようにすることも大切。伸びやかに、体をまるごと使って打つような意識をもとう。

PART 4　応用動作／しかけ技

一本打ちの技　小手打ち

振りかぶりから打突まで一拍子で

　一足一刀の間合で、相手の中心をとろうと攻める（P79のPoint参照）。この攻めに対して相手の剣先が上がった瞬間、素早く踏み込んで小手を打つ。相手の変化（隙）に素早く反応する感覚を身につけよう。小さな振りかぶりから打突まで、流れるような一拍子にしないと一本はとれない。

打つときに小手を見ない！
小手を見て打つと体が沈む体勢になり、打った後に相手に面を打たれやすくなる

振りかぶりから打突まで1拍子で！一連の流れの中で完結させる

④ 短い踏み込みで小手を打つ。上体をくねらせないこと

⑥ 打った後は右拳を相手の右拳に当てるようにしていく

⑤ 小手打ちは、打突後に素早く手元を引いた姿勢が残心になる

剣先での攻めに対する相手の反応は、剣先を上下左右に変化させるか、手元を上下させるかのいずれかになる。前ページの「面打ち」では剣先の開きを打突の機会としたが、小手打ちでは相手の剣先が上がったところをとらえて打つ。

2 攻めに反応して相手が剣先を上げた瞬間を逃さない

1 中心をとろうと攻め合う。剣先がみぞおちのあたりをさすように

3 小さな振りかぶりから鋭く踏み込む。小手を見ずに相手の目を見たまま

一足一刀の間合で、お互いに中段の構えを正しくとっている

相手の竹刀を左方向へ押さえこみ、中心がとれた状態

左へ押さえこむ

剣先が相手の正中線に向き、相手の剣先はこちらの正中線からはずれている

攻め合いで「中心をとる」とは

竹刀には3cm程度の厚みがある。互いに正しく構えて自分が正中線に剣先を向ける(=中心をとる)と、相手にはその幅だけ正中線からはずれた隙ができることになる。相手が中心をとるとその逆になるため、間合のやり取りと同様に中心のとり合いは重要な攻め合いの要素である。

PART 4 応用動作 / しかけ技

一本打ちの技　胴打ち

前腕（手首）を返して右脇腹を打つ

　攻め合いながら打ち間に入り、攻めに対して相手が手元を上げたところを踏み込んで胴を打つ。胴打ちはほかの技より竹刀の振り幅が大きいので、両肩を結ぶ線より剣先が後方にいかないくらいのイメージでコンパクトにしっかり打つことを心がけたい。前腕（肘から手首の間）だけを返して打つようにする。

胴打ちは元打ち（中結と鍔の間で打つこと）になりやすいので注意。物打でしっかり打突する

腰を入れて、物打で正しく打突する

打った勢いのまま相手の横を抜けて残心をとる

相手近くまで踏み込んで打つ

相手との距離がある胴打ちは、体勢を崩しやすい。打つときは相手の懐に飛び込むつもりで、なるべく近づいて打つこと。打突の瞬間に小指と薬指を締めると、下方へずれることなく刃筋正しく打てる。

2 攻めに応じて相手の手元が上がった瞬間に大きく踏み込む

1 一足一刀の間合から、攻めて打ち間へ入る

とくに右腕を返してコンパクトに打つ!

振り下ろしは斜め45度

胴打ちは竹刀の側面で打つ「平打ち」になりやすい。振り下ろす刃筋を斜め45度にして、竹刀の刃部で正しく胴を打とう。打突のときは腰を立てた姿勢で相手に正対し、体をねじ曲げたり、腰が引けたりしないように注意。

3 素早く前腕(手首)をしっかり返して胴を打っていく

PART 4 応用動作 しかけ技

連続技／小手〜面

1本目の打突から決めるつもりで

　稽古中も初めの打突を決めるつもりで、全力で打ち込んでいく。1本目で体勢を崩した相手を追い込む、という実戦での状況を意識しよう。最初はゆっくり、正確に打突することから始め、慣れてきたらスピーディーに技がつながるようにしたい。

両腕を伸ばし、腰を入れて小手を打つ

一本を決めるつもりでしっかり小手を打つ

小手打ち〜面打ちを一連の流れで！小手打ちの勢いを生かして一気に打ち込む

体勢の崩れた相手の面を打ち、横を抜けて残心をとる

連続技とは、最初の打突が受け止められたり、不十分であったりしたとき、続けて技を出して相手を攻めていく技。2本目の打突は姿勢を崩しやすいので、最初の打突後に素早く後足（左足）を引きつけるようにしたい。

動画でチェック！

 スムーズに技をつなぐポイントは足運び

踏み込みで前足が出た分だけ、後足を引きつけよう。構えたときの足の位置へ戻すイメージで行うとよい。これができれば何本でも連続して打突できる。

1　一足一刀の間合から、攻めて打ち間へ入る

2　攻めに応じて相手の剣先が上がった瞬間に大きく踏み込む

素早い後足の引きつけが2本目の打突姿勢を安定させ、速い動きも可能にする

4　小手を打った後に、素早く後足を引きつける

5　小手打ちで前へ出た勢いのまま、さらに踏み込んでいく

83

PART 4 応用動作 / しかけ技

連続技／面～面

1本目の打突の勢いを生かして面打ち

　攻め合いで相手の剣先が開くなど、中心に隙ができた機会をとらえて面を打つ。それを相手が下がったり、体をそらしたりして避けるところを、1本目の打突の勢いのまま面打ちを続ける。正しい姿勢で最初の面を打つことが、2本目の正確で素早い打突につながることを稽古で感じ取ろう。

正しい姿勢で打てば、2本目の打突が速く正確になる

背すじを伸ばした正しい姿勢で面を打つ

2本の打突をひとつの流れの中で連動させる

両腕を伸ばし、腰を入れてしっかり面を打つ。打突後は横を抜けて残心をとる

84

姿勢正しく1本目の面を打つ

「面〜面」の連続技は、1本目の姿勢を意識しよう。最初の打突で正しい姿勢がとれていれば、体のバランスが安定し、後足(左足)の引きつけもスムーズに。それが正確な打突と流れるような技の連絡につながる。

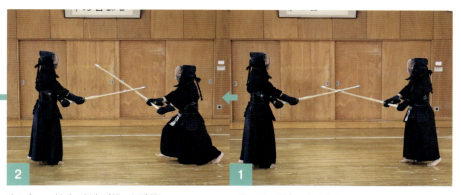

2 攻め合いで相手の剣先が開いた瞬間に踏み込んでいく

1 一足一刀の間合で攻め合う

1本目の面打ちで前へ出た勢いを生かす!

6 1本目の面打ちの勢いにのって2本目の面打ちへ

5 素早く左足を引きつけ、下がる相手を追い込む

PART 4　応用動作／しかけ技

連続技／小手〜胴

小手打ち後に素早く左足を引きつける

　攻め合いから相手の剣先が上がったところを、小さく振りかぶって小手を打つ。相手が次の打突を警戒し、手元を上げた隙をとらえて胴を打突する。小手打ちは後足（左足）が残りやすいので、素早く引きつけて次の胴打ちにつながる体勢をつくりたい。

5
手元が上がった相手に対して、前腕を返して斜め45度程度の角度で竹刀を振り下ろす

素早く左足を引きつける

4
打突後はすぐに左足を引きつけ、次の打突の体勢をととのえる

面打ちを防ごうとして、手元の上がった相手の胴を打つ

小手打ちから胴打ちまでを一連の動きにする

6
正確に胴を打ち、横を抜けて残心をとる

胴を見ない
胴を打つときは、相手をまっすぐ見たまま打突する。胴を見てしまうと視線が下がり、姿勢が前傾して悪くなる上、相手に面を打たれやすくなるので注意しよう。

2 相手の剣先が上がったところを打突の機会として踏み込む

1 一足一刀の間合で攻め合う

試合を想定し、一本を決めるつもりでしっかり打つ！

小手打ちの後も、剣先を相手の正中線からはずさない

3 背すじを伸ばし、腰を入れて小手を打つ

PART 4　応用動作／しかけ技

連続技／面〜胴

背すじを伸ばし、腰を入れた姿勢で胴打ち

　攻め合いの中で打突の機会をとらえて正面へ打ち込む。それに相手が手元を上げて防ぐ、出て打とうとする、など反応したところを胴打ちへと連絡する。胴を打つときは頭を下げたり、腰を折ったりする姿勢になりがち。背すじを伸ばし、腰を入れ、正しい姿勢で打つように心がけよう。

面打ちは誘いやフェイントではない。稽古でも一本をとるつもりで打つ！

両腕を伸ばしてしっかり面を打つ。ここで決めるつもりで！

胴打ちは腰を立てた姿勢で、相手の前で打つ。竹刀を横から胴に当てようとしない

間合が近くなりすぎないようにしながら、正確に胴を打突する

88

しっかりと胴が打てる間合を見つける
正面打ちで踏み込んだとき、相手との間合が近すぎると右胴が打てなくなる。両腕を伸ばした胴打ちができる間合はどのあたりか、稽古の中で試しながら感覚をつかみたい。

2 相手の剣先が中心をはずれた瞬間、すかさず前へ踏み込む

1 一足一刀の間合で攻め合う

5 面打ちを防ごうと手元の上がった相手に対して、前腕を返して胴打ちへ

4 素早く左足を引きつけ、次の打突への体勢をとっていく

PART 4　応用動作　しかけ技

払い技／払い面

手首のスナップを柔らかく使う

　竹刀を払う瞬間は手首を柔らかく使い、スナップをきかせて半円を描くように竹刀を操作しよう。竹刀の物打あたりで相手の竹刀の真ん中あたりを払うこと。竹刀の左側面（表鎬）で払う表払いと、右側面（裏鎬）で払う裏払いがあり、相手の構えや反応によって使い分ける。ここでは表払いからの払い面を紹介している。

1 一足一刀の間合で攻め合う

2 機会をうかがい、相手の竹刀を左へ払い上げつつ前へ

3 払いと振り上げる動作を一連で行いつつ踏み込む

写真 2 ～ 4 の動きをひとつの動作にする

4 中心に隙のできた相手の正面を正確に打ち、横を抜けて残心をとる

払い技は相手に打ち込む隙がないときに、相手の竹刀を左右に払い上げるなどして、構えや体勢を崩して打突する技。払いと打突をよどみなく行うことが大切で「竹刀の払い→振りかぶり→打突」を一連の動きで完結させよう。

竹刀の払い方・表払い

攻め合いの中で、相手が前に出ようとするとき、あるいは前に出ながら打とうとするとき、竹刀の左側(表鎬)で相手の竹刀を払い上げて攻め入るのが表払い。半円を描くように竹刀を振りかぶると同時に、相手の竹刀を払い上げよう。払うときは両手を使って、腰から先に出るようなイメージをもちたい。

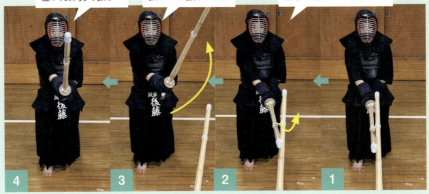

4 竹刀を払い上げた状態。ここからすかさず面打ちなどの打突へ

3 半円を描くような竹刀操作で払い、振り上げを一連の動作で行う

2 手首を柔らかく使って払い上げていく

1 右足を前へ出しながら、表鎬で相手の竹刀の真ん中あたりを払っていく

- 左拳を正中線の上に置いた体勢で払う
- 半円を描くように払いつつ振りかぶる
- 物打あたりで相手の竹刀の中程を払う

ADVICE

前へ出てくる瞬間が決まりやすい

払い技は止まっている相手にしかけるよりも、前へ出る瞬間を狙うほうが決まりやすい。試合中、相手のあせりやイライラが感じられ、前へ出てきそうな気配があれば、払い技をしかけるチャンスになる。

PART 4　応用動作／しかけ技
払い技／払い小手

横ではなく半円を描くように払う

　相手の竹刀を払うとき、半円を描くようにすると、払った後に竹刀が構えの位置に戻る。こうすれば隙ができず、そのまま打突もしやすい。それに対して、相手の竹刀を横（一方向）に払うと、自分の中心に隙ができてしまう。払い技の竹刀操作に注意したい。

2 竹刀の右側面（裏鎬）で相手の竹刀を払い上げつつ前へ出る

1 攻め合いながら、機会をみて相手の竹刀の下から裏側へ

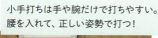

小手打ちは手や腕だけで打ちやすい。腰を入れて、正しい姿勢で打つ！

4 しっかり小手を打って残心をとり、その後は右拳を相手の右拳に当たるように距離をつめる

3 払いながら小さく振りかぶり、そのまま小手打ちへ

竹刀の払い方・裏払い

竹刀の右側（裏鎬）で相手の竹刀を払い上げて攻め入るのが裏払い。「払う・打つ」と動作が二分することなく「打ちに行きながら払って、打つ」の一拍子で行う。

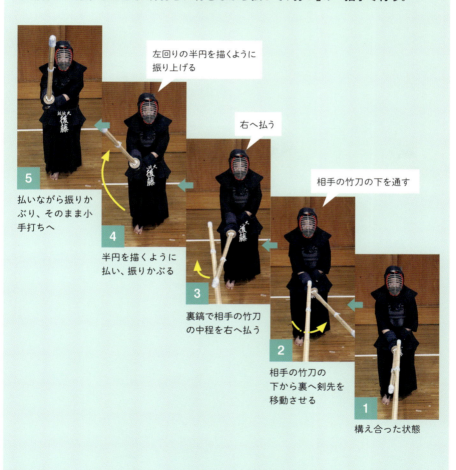

左回りの半円を描くように振り上げる

右へ払う

相手の竹刀の下を通す

5 払いながら振りかぶり、そのまま小手打ちへ

4 半円を描くように払い、振りかぶる

3 裏鎬で相手の竹刀の中程を右へ払う

2 相手の竹刀の下から裏へ剣先を移動させる

1 構え合った状態

PART 4　基本動作／しかけ技
引き技／引き面

バランスを崩さず、素早く下がる

　鍔ぜり合い（体当たり）の状態から、相手を押して体勢を崩したところを下がりながら面を打つ。後退しながらの打突はバランスを崩しやすいので、足さばきを正確に行いたい。相手が打突後に技をしかけてくる場合もあるので、打った後は素早く相手から離れることが大切。正対して相手から目を離さず、安全な距離まで下がるようにしよう。

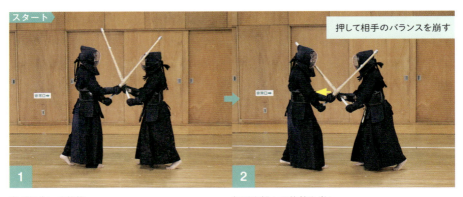

1　鍔ぜり合いの状態

2　相手を押して体勢を崩し、打突のチャンスをつくる

3　押された相手が体勢を崩している

4　後退しながら竹刀を振りかぶる

引き技は、鍔ぜり合いや体当たりの状況から、後退しながら打突する技。相手を押す、相手の押し返す力を利用するなど、崩し方にいくつかの方法がある。ここからは3つの崩し方から打突する3パターンを紹介する。

 下がることばかり考えない

引き技は速く下がることばかり意識して、打突が中途半端になったり、体勢を崩したりする場合が多い。正しい姿勢でしっかり打ち切ることを意識しよう。下がりながら「大きく、速く、強く」打てるようにする。

あせらずに、しっかり面を打つ

腰を入れて、しっかり面を打つ

バランスを崩さず、素早く遠くまで下がる

打った後は相手から目を離さず、素早く下がって間合をとる

PART 4　基本動作／しかけ技
引き技／引き胴

相手の手元が上がる隙をとらえて胴打ち

　引き胴は相手の手元が上がった隙を、下がりつつ打突する技。ここでは鍔ぜり合いから相手の手元を押し下げ、それに対して相手が反発し、手元を上げた隙をとらえるケースを紹介する。相手の押し返す力を利用して竹刀を振り上げ、斜め45度程度の角度で刃筋正しく胴を打とう。胴打ちは前かがみの姿勢や平打ち（竹刀の側面で打つこと）になりやすい。腰を立てて、前腕をしっかり返して打つようにしたい。

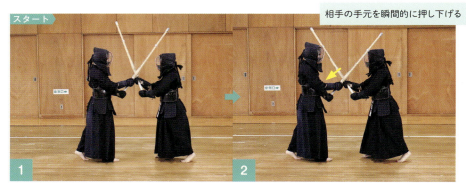

1　鍔ぜり合いの状態

2　相手の手元をハッとするように押し下げて、打突のチャンスをつくる

3　相手が竹刀を押し上げて反発してくる

4　相手の押し返してきた力を利用して竹刀を振り上げる

声を出して強い打突にする

引き技のように下がりながら打つケースは、前へ出て打つときよりも打突の勢いが弱くなりがち。意識して大きく声を出し、強く打つことを心がけよう。同時に物打あたりで正確に打つことも意識する。

⑤ 後ろへ下がりながら、前腕を返して胴打ちへ

腰を入れ、腕を伸ばして力強く胴を打つ

⑥ 斜め45度の刃筋でしっかり胴を打ち、打突後は相手に正対して、視線をそらさずに下がる

PART 4　基本動作／しかけ技
引き技／引き小手

相手の腕が伸びたところを打つ

　引き小手は、鍔ぜり合いで相手の竹刀を前へ押し、相手が押し返して腕の伸びた瞬間に小手を打つ技。真後ろへ下がりながら打つほか、左斜めに体をさばきながら打つ方法もある。下がりながらでも、腰を入れた正しい姿勢で小手を打つこと。

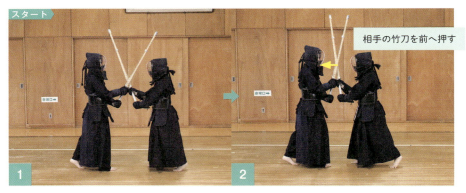

1　鍔ぜり合いの状態

2　相手の竹刀を前へ押して、打突の機会をつくる

3　相手が反発して押し返してくる

相手の竹刀の横を上から下へ振り下ろす

小手打ちは目標（打突部位）が小さいので、つい横から打とうとしがち。打突したときに弦が真上を向く正しい刃筋になるよう、相手の竹刀の横を上から下へ竹刀を振り下ろすようにしたい。

横から打たない！
相手の竹刀と平行に
振り下ろして小手打ち

5 相手の腕が伸びて手元に隙ができたところを小手打ち

6 打突後は相手と正対しながら、素早く下がって間合をあける

PART 4　応用動作　／　しかけ技
出ばな技／出ばな面

剣先や手元の変化を逃さず攻め込む

　出ばな面は、相手が打とうとして剣先を下げるか、開くかして、前へ出ようとする瞬間に踏み込んで正面を打つ。コンパクトな動きと小さな竹刀の振り幅で、瞬時に打突を決めなければならない。速く打とうと手先だけの打突になりがちなので、体全体で前へ出て打つような意識をもとう。

両腕をしっかり伸ばし、
腰を入れて面を打つ

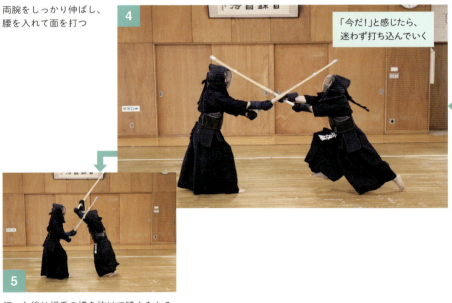

「今だ！」と感じたら、
迷わず打ち込んでいく

打った後は相手の横を抜けて残心をとる

技の前の攻めでプレッシャーをかける

出ばな技を決めるには、技を出す前に気で相手を攻めて、「相手が不十分、自分十分」の状況にすることが大切。相手を圧倒しながらも打ちにいかず、相手があせり、苦しまぎれに出てくるところを狙っていこう。

出ばな技は、相手の攻め込みや打突をする動きの「起こり端(ばな)」をとらえて打ち込む技。動作が始動するときは、どんな人も無防備になって隙ができる。その一瞬を予測しつつ逃さず、思い切りよく打っていくことが大切になる。

技の起こりを見抜く稽古をしよう

TRY

動作の起こりを見抜く目を養うには、元立ちが技を出そうとして途中でやめ、こちらは機をとらえて打ち込む、といったシミュレーションをやってみよう。何度も行ううちに「今だ！」「ここだ！」という感覚がつかめるはず。経験豊富な人を相手に行うとよい。

2 相手が打とうと剣先を開いた瞬間をとらえて踏み込む

1 一足一刀の間合で攻め合い、打ち間に入る

動作の起こりが表れやすいのは、剣先と手元の動き。わずかな動きを見逃さないように！

3 鋭い踏み込みと、小さな振りかぶりで打っていく

PART 4 　応用動作／しかけ技

出ばな技／出ばな小手

相手の剣先が上がった一瞬をとらえる！

　出ばな小手は、相手が打とうとして剣先を上げる瞬間をとらえ、相手に先んじて小手を打つ技。相手の剣先のわずかな動きを感じたら、思い切って打ち込んでいく。動作の起こりをとらえるというよりも、打つ気配を感じ取るという感覚が大切になる。小手打ちは技が小さいので、手打ちにならないよう、しっかり踏み込んで腰を入れて打つこと。

しっかり踏み込み、腰を入れて小手を打つ

あせると手打ちになりやすいので注意！

相手の目を見たまま、正しい姿勢で打つ

手元を引いて残心をとり、その後は相手に当たっていく

Point　気力を充実させ、強い気持ちをもつ

相手の変化をとらえて素早く打突するには、つねに気力を充実させ、いつでも打ち込めるようにしておくこと。また、強い気持ちをもって積極的に前へ出ることも大切になる。相手に気迫で負けているようでは、出ばな技はうまくいかない。

動画で
チェック！

COLUMN

相手の先をとる

剣道には相手の「先手を取る」という意味の、「先をとる」という言葉がある。相手の先をとるには、まず身も心もいつでもいけるように準備しつつ、つねに相手の動きを観察し、わずかな変化をとらえて先に技を出していくこと。先へ先へ攻める姿勢をもつようにしたい。

2　相手（左）が剣先を上げて打突の動作に入ろうとする

1　一足一刀の間合で攻め合う

剣先が上がって隙のできた小手を狙って打突する

3　相手の変化に遅れることなく移動し始めて、小さく振りかぶる

103

PART 4 　応用動作／応じ技

抜き技／面抜き胴

斜め前へ体を移動させて面打ちを抜く

　相手が面を打ってきたとき、体を右斜め前へさばきながら面打ちを抜き（空振りさせ）つつ、隙のできた胴を打突するのが「面抜き胴」。面を抜く右斜めへの動きを、そのまま胴打ちにも生かせるようにしたい。胴打ちは小さな振りかぶりで前腕を返し、コンパクトに鋭く、相手を視界にいれたまま確実に打とう。

相手から目を
離さないようにすると
打突姿勢が崩れない

抜いてから打つではなく、
抜きながら打つ！

4
すれちがいながら、
正しい姿勢でしっかり胴を打つ

5
相手の横を抜けて残心をとる

抜き技は、相手の打ち込みに対して体を開いてかわしたり、後ろへ引いて距離をとったりして空を打たせ（空振りさせ）、技や動きが尽きたところを打突する。足さばきをうまく使い、いつも上体を自然体に保つことが大切になる。

応じ技とは

応じ技とは、相手の打突を竹刀で迎えるようにして応じ、素早く反撃して打ち込む技。打突をただ受けるのではなく、相手の力を利用して打突することが大切になる。応じ方と反撃の方法によって、いろいろな技がある。

コンパクトに振り上げつつ斜めに振り下ろせるように手を返す

右斜め前へ体をさばいて面打ちを抜く

右斜め前へ踏み出す

3 右斜め前へ出て相手に空を打たせつつ、小さく振りかぶりながら前腕を返す

2 相手が面を打とうとする動きに応じて、右斜め前へ踏み出していく

1 一足一刀の間合で攻め合う

PART 4　基本動作／応じ技

抜き技／面抜き面①

「抜きながら打つ」をひとつの動作で完結！

相手の正面打ちを左足から一歩引いて抜き（空を打たせ）、そのまま下がりながら面を打つ。面打ちを抜くとき、体重を前へかけるような心持ちで下がると、次の面打ちが速く、強く打てる。一連の動きが「抜く＋打つ」と二分することなく、「抜く〜打つ」とひとつの流れ（動作）になるようにしたい。

1　一足一刀の間合で攻め合う

2　相手が面を打とうと踏み込んでくる

顔をよけるのではなく体全体で抜く

重心をやや前に残したまま下がると、写真5〜6の面打ちがスムーズになる

3　左足を一歩引きながら、面打ちを抜く

相手の動きに心と体の両面で応じる

抜き技を決めるには、打突動作を起こした相手を十分に引きつけられるか、がポイントとなる。そのためには相手の動きを冷静に見きわめる心の余裕をもち、いかなる動きにも無理なく応じられる体勢を保っておくようにしたい。

相手の技が尽きたところを、素早く振りかぶっていく

両腕を伸ばして、しっかりと面を打つ

十分に腰を入れて正面を打った後は、素早く下がって相手から離れる

PART 4　基本動作　応じ技

抜き技／面抜き面②

右斜め前へ体を開いて面打ちをかわす

「面抜き面①」が下がって相手の正面打ちを抜いたのに対して、こちらは開き足（P40参照）で体をさばいて抜くパターン。相手の正面打ちを右斜め前へ踏み出して抜き（空振りさせ）、すれちがいざまに正面を打つ。体を開くときは体重を前にかける心持ちで、小さく右斜めへ開く。「抜いて打つ」のではなく「抜きながら打つ」という意識をもとう。

1 一足一刀の間合で攻め合う

2 小さく右斜め前へ体を開く

相手が打ってくる気配を感じた瞬間、開き足で右斜め前へ体を開く

面打ちを抜きつつ打突動作に移行する

体の中心を相手に向けたまま、しっかり面を打つ

3 体の中心を相手に向けたまま、すれちがいざまに正面を打つ

いつも体の中心を相手に向ける

面を抜くときは、体の中心をつねに相手へ向け、左拳を正中線上に置くように。体の中心が相手に向いていないと、平打ち（刃筋が立たない打突）や弱い打突になるので注意。

4 相手の正面打ちが空を切っている

5

6 面を打って相手とすれちがった後、正対して残心をとる

109

PART 4　基本動作／応じ技
抜き技／小手抜き面①

左足を引いて小手打ちを抜く

　相手の小手打ちに対して、左足を一歩下げて空を打たせ（抜き）、隙のできた相手の正面をすかさず打突する。一歩下がって相手との間合をあます（距離をとる）ことが大切になる。「抜きながら打つ」という一連の動作にするため、下がるときも体勢を崩さず、いつでも反撃できる準備を整えておこう。

1　一足一刀の間合で攻め合う

2　相手が小手を打とうと踏み込んでくる

> 下がった（あました）ときに、左足のかかとを床につけないようにすると、打突への連動がスムーズになる

3　左足を引いて相手との距離をあけ、小手打ちを抜く

4　小さな振りかぶりから踏み込んでいく

姿勢を崩さずに打突を抜く

抜き技全般に言えることとして、相手の打突を抜くときは、背すじの伸びた正しい姿勢でいることが大切。よけたり、怖がって姿勢を崩してしまうと、素早く応じて反撃する(打つ)ことができない。相手に続けて打たれるリスクも大きくなる。

写真 2〜5 を連動させてひとつの動きにする

しっかり踏み込み、腰を入れて打つ!

技の尽きた相手の正面を打つ

打突後は相手とすれちがった後、正対して残心をとる

111

PART 4　基本動作／応じ技

抜き技／小手抜き面②

竹刀を振りかぶって小手打ちを抜く

「小手抜き面①」では下がって小手を抜いたが、こちらは竹刀を振りかぶって相手に空を打たせる（抜く）技。小手打ちを抜く竹刀の振りかぶりを面打ちの動作として、技が尽きた相手の正面をすかさず打つ。竹刀を振り上げながら右足を浮かせて引きつけることで、面打ちがよりスムーズに、スピーディーになる。

1　一足一刀の間合で攻め合う

2　相手が小手を打とうと踏み込んでくる

両腕を伸ばし、腰を立てて、しっかり面を打つ！

4　引きつけた右足を面打ちの踏み込みに生かす

5　技が尽きて隙のできた相手の正面を打つ

浮かせた右足の動きを面打ちに生かす

小手打ちを抜くときに左足を一歩引くと、面打ちのタイミングがその分だけ遅くなる。左足はそのまま、浮かせた右足を踏み込むことで、その場にいながらも素早く、強く面打ちができるように稽古したい。

竹刀を大きく振り上げて小手打ちを抜く

竹刀を振り上げながら右足を浮かせ、引きつける

3

竹刀を振り上げながら右足を浮かせ、相手の小手打ちを抜く

6

打った後は相手の横を抜けて残心をとる

113

PART 4　応用動作／応じ技

すり上げ技／小手すり上げ面

「払う」のではなく「こする」イメージで！

　小手を打ってくる相手の竹刀を、竹刀の右側（裏鎬）で半円を描くようにすり上げ、中心に隙のできた相手の正面を打つのが「小手すり上げ面」。すり上げの動きと面打ちの振りかぶりを同時に行い、打突までをひとつの流れで行うようにしたい。相手の竹刀の勢いを利用すると、こするような感覚でも十分にすり上げることができる。

剣先が半円を描く竹刀操作の
頂点から面打ちへ

5　中心のあいた相手の正面を打ち、打突後は相手の横を抜けて残心をとる

4　すり上げの動きを生かして、そのまま竹刀を振りかぶる

 手刀ですり上げの感覚をつかむ

「すり上げる」感覚をつかむためには、手刀でシミュレーションをするのもいい。手首のスナップを使うと刃部で払う形になってしまう。竹刀の側面（鎬）を使うことを意識して、すり上げに有効な手の内のはたらきを理解しよう。

手刀で小手打ちをしてもらい、それを手刀ですり上げる。手首のスナップで払ったり、横に大きく払うのではなく、手の甲同士をこすり合わせるイメージで行う。写真は裏のすり上げ。手のひらを使って表のすり上げもやってみよう

すり上げ技は、相手が打ち込んできた竹刀を、竹刀の側面(鎬)ですり上げ、相手の竹刀の方向を変えたり、相手の体勢を崩したりして打突する。技によって左右の鎬を使い分けるため、鎬を生かす手の内のはたらきが大切になる。

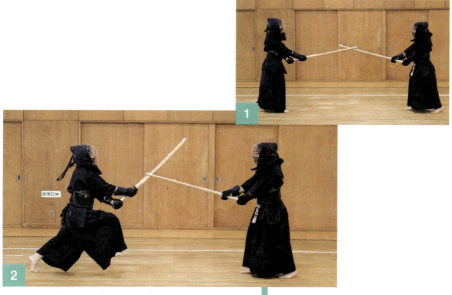

一足一刀の間合で攻め合い、相手が小手に打ち込んでくる

「払う」よりも「こする」ようにすり上げる

すり上げるときは肩の力を抜き、下腹部に力を込めて

竹刀の右側(裏鎬)で相手の竹刀の中程をすり上げる

PART 4　応用動作／応じ技
すり上げ技／面すり上げ面

「振りかぶり＝すり上げ」のひとつの動作に

　相手の面打ちを、わずかに右斜め前へ出ながら表鎬（竹刀の左側）ですり上げ、中心に隙のできた相手の正面を打つ。竹刀の振り上げとすり上げを同時に行う「振りかぶる途中ですり上げる」という意識をもたないと、素早く有効な面打ちはできない。鎬を使った「こする」ような「すり上げ」をめざしたい。

竹刀の方向を変えられた相手は、中心があいて隙ができる

4

右斜め前へ体を開きながらも、相手に正対してしっかり面を打つ！

5

右斜めへ前へわずかに踏み出して面を打ち、打突後は相手の横を抜けて残心をとる

体の中心はいつも相手に向けたまま
右足から右斜め前へ体を開くときも、体の中心を相手へ向けておく。つねに相手と正対していないと、刃筋の正しい、強い打突はできない。

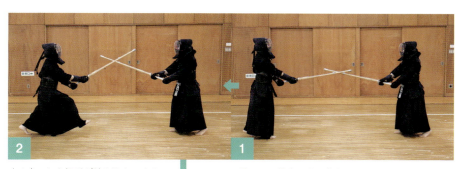

2 攻め合いから相手が踏み込んでくる

1 一足一刀の間合で攻め合う

すり上げるのは相手の竹刀の真ん中あたり

表鎬で相手の竹刀をこするようにすり上げる

3 相手の面打ちを竹刀の左側（表鎬）ですり上げる

117

PART 4　応用動作／応じ技　ステップアップ　応用編
すり上げ技／小手すり上げ小手

小手をすり上げた竹刀をそのまま振り下ろす

相手の小手打ちを竹刀の右側（裏鎬）ですり上げつつ、小さな振りかぶりから小手を打つ技。小手をすり上げたとき、相手との間合が近い場合はその場で打突し、間合が遠ければ右足で一歩踏み込んで小手を打つ。いつか修得したい高度な技として稽古してみよう。

剣先で半円を描くようにすり上げ、そのまま小手打ちへ

4

小手をすり上げた竹刀をそのまま振り下ろして打突へ

しっかり腰を入れて打つ（Point参照）

5

小さく、鋭く小手を打ち、相手を見たまま残心をとる

「小手すり上げ小手」は、日本剣道形の6本目の技で、難易度の高い技でもある。ルール上でも「玄妙な技」とされ、打突が軽くても一本となる場合がある。ちなみに、玄妙とは技が奥深く、微妙なことをさす。

腰を入れて、小さく、鋭く打つ

この技は小さく打つ「小技」なので、打ちが弱くなりがち。腰をしっかり入れて、小さく、鋭く打つようにしよう。軽い打突でもキレや冴えがあれば一本になる場合がある。

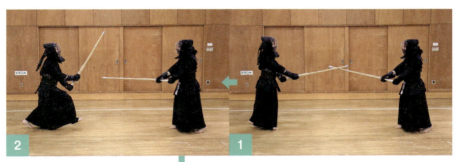

2 小手を打とうと相手が踏み込む

1 一足一刀の間合で攻め合う

物打で相手の竹刀の中程をすり上げる

3 竹刀の右側で小手打ちをすり上げる

PART 4　応用動作／応じ技

返し技／面返し胴

「技に応じる→技を返す」をひとつの動きに

　相手の正面打ちに対して右斜め前へ体をさばきながら、竹刀の左側（表鎬）ですり上げるように受け（応じ）、手首を返して刃筋正しく胴を打つ。受けてから返そうとすると動きが二分される。相手の竹刀が触れると同時に手を返して打つようにしたい。そのためには待って受けるのではなく、積極的に受ける意識をもつことが大切。

素早く手首を返して胴打ちへ

背すじを伸ばし、腰を立てた正しい姿勢で胴を打つ。
打突後は相手の横を抜けて残心をとる

返し技は、打突してきた相手の竹刀を迎えるように応じ（受け）、相手の竹刀に接した（応じた）反対側の部位を打突する技。表鎬で接した場合は裏を打つことになる。相手の技の勢いを利用して、手首を返して打突するのが特徴。

 面打ちは体の前で応じる

相手の面打ちを受けるときは、手元を伸ばして体の前で受けること。顔の近くで受けると打たれる場合があり、姿勢も崩れて胴打ちを返すタイミングが遅れる。

2 相手が面を打ち込んでくる

1 一足一刀の間合で攻め合う

手首を柔軟にして応じれば、相手の力を自然に無理なく利用できる

手元を伸ばして、迎えるように受ける

3 右斜め前へ出ながら、手元を伸ばして面打ちを迎えるように受ける

121

PART 4 　応用動作 ／ 応じ技
返し技／小手返し面

手首を柔らかく使って受ける

　相手の小手打ちを、剣先を下げた竹刀の左側（表鎬）で受ける（応じる）と同時に、素早く竹刀を返して正面を打つ技。両手首を柔軟にして受ければ、相手の力を利用して無理なく技が返せる。あわてず相手の竹刀の来る方向をよく見きわめ、「ゆるやかに応じて、素早く返す」ことを意識したい。

5　右足から踏み込んで面打ちへ

写真3〜6を流れるように一拍子で行う

6　しっかり腰を入れて面を打ち、打突後は相手の横を抜けて残心をとる

2 相手が小手を狙って打ち込んでくる

1 一足一刀の間合で攻め合う

手首を柔軟にして小手打ちを受ける

3 剣先を開きながら下げて、小手打ちを竹刀の左側（表鎬）で受ける

相手の打ち込む力を生かして竹刀を返していく

4 小手打ちを受けた反動ですぐに竹刀を返していく

123

PART 4 応用動作 / 応じ技
打ち落とし技／胴打ち落とし面

左拳の位置を崩さずに打ち落とす

　相手の胴打ちを左斜め後ろへ下がりながら打ち落とし、体勢を崩した相手に踏み込んで面を打つ。竹刀の物打で相手の竹刀の中程を目標とし、左拳を正中線上に置いたまま打ち落とすこと。やや左斜め後ろへ下がることで、相手の竹刀を打ち落としやすい位置関係となり、打ち落とす範囲も広がる。

打ち落とした反動を使って小さく竹刀を振り上げる

技が尽きて体勢を崩した相手に打ち込んでいく

左拳がつねに正中線上にあれば、正しい姿勢で打突できる

しっかり腰を入れて面を打ち、打突後は相手の横を抜けて残心をとる

「打ち落とし技」は打ち込んでくる竹刀を打ち落とし、隙のできた打突部位をすかさず打つ技。打ち落としながら、そのまま打突する場合もある。「切り落とし技」とも呼ばれている。

 腕ではなく手首で打ち落とす！
打ち落としは腕を使うというよりも、手首のスナップを効かせて、竹刀を真下に打ち落とそう。振りかぶる時間の余裕はないので、打ち落とした反動で竹刀を振り上げて素早く打つようにする。

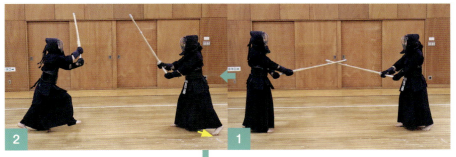

2 相手が胴打ちにきたところを、左足から左斜め後ろへ下がって体をさばく

1 一足一刀の間合で攻め合う

手首を使って真下へ打ち落とす

3 左拳を正中線上に置いたまま、胴打ちを打ち落とす

PART 4 / 応用動作 / 応じ技

打ち落とし技／小手打ち落とし面

タイミングや間合をはかって打ち落とす

　小手を打ってくる相手の竹刀を打ち落とし、体勢を崩したところで正面を打つ。竹刀を打ち落とすときは、左拳を正中線上に位置させ、体の中心で竹刀を振り下ろすようにしたい。相手の打突の質や速さを正確に見きわめ、的確なタイミングと間合で打ち落としができるよう、稽古の中で感覚を磨いていこう。

打ち落としで左拳が正中線上にあれば、すぐに打突の体勢がとれる

4

打ち落とした反動を生かして小さく振りかぶる

打ち落としと打突の音が「パン、パン」と立て続けに響けばOK

5

打ち落としからの連動で面を打ち、打突後は相手の横を抜けて残心をとる

技をきめるポイントは左拳の位置

相手の竹刀を打ち落とすとき、正中線上に左拳を位置させることを意識しよう。そうすれば自然と体の中心で竹刀が振れるため、打ち返す面打ちも姿勢正しく、正確な打突になる。

2 小手を打とうと相手が踏み込む

1 一足一刀の間合で攻め合う

手首を使って真下へ打ち落とす！

3 体の中心で竹刀を振り下ろして、小手打ちを打ち落とす

PART 4　応用動作／応じ技　ステップアップ　応用編
打ち落とし技／面打ち落とし面

出会い頭に相手の竹刀を切り落とす

相手が竹刀を振りかぶると同時に素早く振りかぶり、相手の竹刀が伸びてくるところを上から打ち落としつつ、すかさず面を打ち込む。相打ち（両者が同時に打ち込む）のようになる場合もあるが、恐れずに打ち勝たないと技を決められない。

4　打ち落としから素早く竹刀を振り上げて面を打つ体勢に

写真3〜5の動きを
ひとつの流れにする

5　一連の流れの中でしっかり面を打ち、打った後は相手の横を抜けて残心をとる

「面打ち落とし面」は、面打ちを打ち落とすと同時に、相手に面を打ち込む高等技術。究極のカウンターともいわれ、難易度の高い技として知られている。いつか修得したい目標として、参考までに紹介しよう。

ADVICE

2つの動きを別々に稽古する

練習をするのであれば、「打ち落とし」と「打突」を分けて練習してみよう。ひとつの動作をしっかりできるようになったら、打ち落としと打突が一拍子でできるよう、動作のつながりをスムーズにしていく。

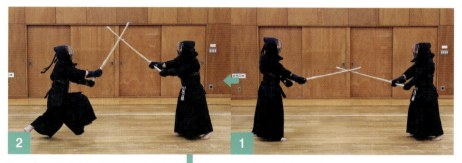

2 相手が振りかぶると同時に振りかぶる

1 一足一刀の間合で攻め合う

相手より大きく、高く振りかぶり、上から打ち落とす!

3 竹刀を振り下ろして相手の面打ちを打ち落とす

PART 4 応用動作

技のしくみとながれ

稽古で磨いた技を有効打突にするには？

　この4章では「しかけ技」「応じ技」に分けて27の技を紹介した。これらを繰り返し稽古することで、いつも同じ動きを正確にできるようになり、技の成功率も高まっていくはず。しかし、試合ではお互いが攻め合うので、相手との関係性も理解して動けるようにならないと一本（有効打突）が取れない。

　そのためにも剣道の「技のしくみ」について理解を深めておこう。チャート図で確認すると、バラバラの知識や情報が整理され、それぞれのつながりも見えてくる。自分の技や攻めの評価や反省に生かし、足りないものは稽古の課題として取り入れてみたい。

有効打突（一本）の条件

　ルール上の有効打突の条件は「充実した気勢、適正な姿勢をもって、竹刀の打突部で打突部位を刃筋正しく打突し、残心あるものとする（剣道試合・審判規則／第12条）」としている。有効打突の詳細についてはP144〜を参照。

☑ **充実した気勢＋適正な姿勢で打突する**

☑ **竹刀の打突部で打突する**

☑ **打突部位（面、小手、胴）を刃筋正しく打突する**

☑ **残心を示す**
　・残心とは打突後も気をゆるめることなく、相手のどんな動きにも対応できるよう、自分の気持ちと体勢を相手に向け、身構え、気構えを示すこと。正確な打突をしても残心をとらないと一本にはならない。

剣道の技のしくみや、その関係性（流れ）を知ることは、より効果的な攻め方や打突を身につける上で、さまざまなヒントを与えてくれる。さらに、自分には何が不足しているか、どこでつまずいているか、も確認できるだろう。

剣道の技のしくみ・技のながれ

剣道の技は「攻め」「打突」「残心」が一連のながれとなって成り立っている。つまり有効な攻めができなければ、効果的な打突にはならないということ。「攻める」とは打突のチャンスをつくるだけでなく、間合のとり方で相手に重圧をかけることも含まれる。

攻め ☑ 打突のためのチャンス（機）をつくる
・自分からしかける（相手の竹刀を払う、連続で打ち込むなど）
➡ しかけ技／払い技、連続技、引き技など

・相手の動きに応じて（相手の打突をすり上げる、抜く、など）
➡ 応じ技／すり上げ技、抜き技、返し技など
しかけ技で攻めることによって、相手が「このままでは打たれる、打って出よう」と中途半端な打突になることで応じ技が決まりやすくなる。積極的に攻めることが基本となる。これも技のしくみのひとつ。

☑ 相手との間合をはかる
・相手との距離、空間を調整して重圧をかける、打ち込みやすくする

打突 ☑ 相手の打突部位（面、小手、胴）を、竹刀の物打で刃筋正しく打つ

残心 ☑ 打った後も油断せず、いつでも相手に対応できるように、身構えと気構えをとる

PART 5 実力をつける稽古法
稽古の目的　基本稽古

稽古の目的　何のために稽古をするのか？

　稽古には「古を稽える」、つまり「古いことを学習する」という意味がある。先人たちが残した教えを工夫、研究するという姿勢を忘れずに稽古にのぞみたい。その上で目的意識をしっかりもち、めざすべきものは何かを理解して取り組めば、得るものの多い、有意義な稽古になるだろう。

　また、稽古は技術の上達や体を鍛えるためだけのものではない。礼儀を学び、先生や稽古相手の人格を尊重するといった、心の豊かさを育む機会でもある。「清く、正しく、たくましい」自分を作り上げていく修練（精神や技芸を磨き鍛えること）の場でもあることを覚えておきたい。

基本稽古とは

　基本稽古は剣道の基本技術を身につけ、技能を高めるためのもの。高いレベルの技も、基本の積み重ねがあることで発揮することができる。「打ち込み３年」などと言われるほど、剣道ではとくに基本の稽古を重くみている。

基本稽古①　約束稽古

　打つ側と打たせる側とが約束をして、基本的な打突の稽古をする方法。基本の打ち込みから高度な技の稽古まで、レベルや状況に応じて行う。

目的

- ●お互いに協力して、有効打突を打てるようにする。

効果を上げるポイント

- ●お互いに攻め合う気持ちで、「気」を充実させて行う。
- ●互いに間合を意識しながら有効打突を打つ、打たせる。
- ●初めは「ゆっくり、大きく、正確に」動作する。慣れてきたら「速く、強く、正確に」できるようにする。

剣道には基本を身につけるための稽古から、対人での実戦的な技能向上をめざす稽古まで、さまざまな目的をもった稽古がある。ここでは一般的に行われている稽古を大きく6つに分け、その意味合いや特徴を紹介する。

基本稽古②　打ち込み稽古

元立ちとなる指導者の与えてくれる打突の機会をとらえて、大技での一本打ち、連続技、体当たりからの引き技など、さまざまな動きや技を織り交ぜて打ち込む稽古法。

目的

- 正しい姿勢で、適切な間合から、正確に打ち込むことで、基本的な技術を身につける。
- 残心をとることを身につけるのも大切。

効果を上げるポイント

- 初心者は近い間合から確実に打ち込むように。慣れてきたら間合を遠くして、一本打ちや連続技など変化をもたせた打ち込みを行う。
- ただ速い打突を打ち込んだり、単純に連続技を繰り返したりするのではなく、充実した気勢や安定した姿勢で「気・剣・体の一致」した、有効打突（P144参照）と認められる打ちができるようにする。

基本稽古③　掛かり稽古

元立ちに対して、自分が身につけたすべてのしかけ技を使って打ち込む稽古法。短い時間の中で気力を充実させて、体力の続く限り、全身を使って行う。「打ち込み稽古」は元立ちが打突の機会を与えるが、「掛かり稽古」は自分から打突の機会をつくるという違いがある。

目的

- 自分から積極的に打突の機会をつくり、技術を向上させる。
- 気力を養い、体力をつける。

効果を上げるポイント

- 短時間の中で息があがるまで、激しく掛かり続ける。
- つねに正しい姿勢や構えをとり、足さばきにも注意する。

PART 5 実力をつける稽古法
基本稽古

基本稽古④　切り返し

　「切り返し」は基本的な動作が多く盛り込まれた、初心者から熟練者まで欠かすことのできない大切な稽古法。一般的な方法は、一足一刀の間合から正面を打ち、そのまま歩くくらいの速さで前へ出ながら4回左右の面を打つ。続けて今度は下がりながら5回左右の面を打ち、最後に再び一足一刀の間合から正面を打って1セットが終わる。

左右面打ちは手首を返して、斜め45度程度の刃筋で

合計9回の左右の面打ちを、息つぎなしで発声して行う。これが発声や呼吸法の稽古になる

4 左右の面打ちが4回終わったら、次は下がりながらの左右面打ち

3 ここから前へ出ながら左面、右面と交互に4回面打ちを繰り返す

8 大きく振りかぶって正面を打つ。これで切り返しの1セットが終了

7 5回の左右面打ちが終わったら、再び一足一刀の間合に

目的

- 構え、手の内の使い方、手首の返し方、足さばき、間合のとり方、呼吸法をマスターする。
- 「気・剣・体の一致」した打突を身につける。
- 強い体力と盛んな気力を養う。

効果を上げるポイント
- 初級者はゆっくり、大きく正確に、伸び伸びと行う。
- 左拳はつねに正中線上を移動させる。

2 大きく発声しながら正面を打つ

1 一足一刀の間合で構えてから、大きく振りかぶる

肩の力を抜き、左右ともに同じように打突にする

6 斜め45度程度の刃筋で正しく左右の面を打つ

5 下がりながら左右面打ちを5回繰り返す

PART 5 実力をつける稽古法

互格稽古　引き立て稽古　試合稽古

互格稽古

　実力が同じに近い者同士が、すべてを出し合って勝負を争う稽古法。たとえ実力に差があっても、間合や機会を大切にして対等の気持ちで行えば、それも「互格稽古」になる。「地稽古」や「歩合稽古」とも呼ばれる。

目的

●いかなる相手とも対等の気持ちで稽古する中で、総合的な技術を磨く。

効果を上げるポイント

●基本稽古で身につけた姿勢や打突動作を崩さず、充実した気迫で行う。
●一本一本をおろそかにせず、とくに初太刀（最初の攻撃）を大切にする。
●得意技ばかりではなく、不得意な技も練習する。
●積極的に技をしかけていく。

引き立て稽古

　指導者が元立ちとなって、初心者や技術の未熟な者が上達するように、引き立ててやる稽古法。与えられた打突の機会を生かし、積極的に思い切って打ち込むことが大切。「元立ち稽古」とも呼ばれている。

目的

●基本となる動作や技を身につける。
●対人的な動作や打突の技術を学ぶ。

効果を上げるポイント

●胸を借りるつもりで、積極的に技をしかける。
●一本一本を丁寧に、気力を充実させ、正確に打突する。
●姿勢、足さばき、竹刀操作など、自分なりに課題を挙げて取り組む。
●指導者から反省点や修正点をうかがう。

試合稽古

　実際の試合と同じように、実戦形式で勝敗を競い合う稽古法。先生や指導者などの第三者が審判を行って勝敗を判定する場合と、お互いが申し合わせて自己審判をして行う場合がある。

　勝敗だけにとらわれず、正しい姿勢や動作ができているか、礼儀作法やマナー、試合態度も意識して行うようにしたい。また、自己審判で行うときは、お互いの打突を謙虚な気持ちで、公正に判断すること。

目的

- 稽古で身につけたすべての技を、試合でも自在に発揮できるようにする。

効果を上げるポイント

- 細かな条件設定をして行うと効果的。例えば「試合で負けている、ここで一本を取らないと負ける」といった想定で行う。こうした緊張感をもってやると、それが良いシミュレーションとなり、実際の試合でも役立つことがある。

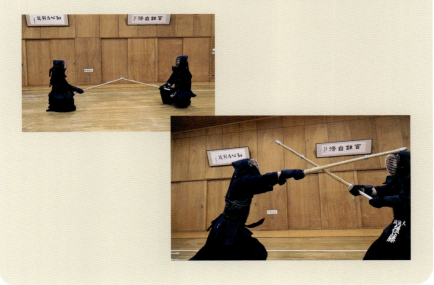

PART 5　実力をつける稽古法
さまざまな稽古

ひとり稽古

「ひとり稽古」は基本動作や対人的な技能を向上させるために、ひとりで工夫や研究をする稽古法。基本となるのは素振りだが、打突スピードを上げる、跳躍力をつけるなど、目的別に行うケースもあるだろう。一例として、ここでは鏡を使った稽古法を紹介する。

姿見、鏡を見ながらチェック！

鏡に自分の姿を映し、構え方や姿勢、竹刀の振り方を確認してみよう。自分の構えには隙がないと思いがちだが、客観的に見ると意外な弱点が見つかることもある。鏡を通した第三者の視点で、以下のような点をチェックしてみよう。

上から直に見ると剣先の向きが適正か、確認するのが難しい。とくに初心者は剣先が上に向きすぎることが多いので注意。

中段の構えでチェック
- 背すじや腰が伸びた、正しい姿勢がとれているか
- 左拳が正中線の上にあるか
- 一足一刀の間合であれば剣先の高さが相手の目を指す位置にあるか

素振りでチェック①
- まっすぐに振りかぶれているか
- 振りかぶりで剣先が後ろへ下がっていないか

素振りでチェック②
- 竹刀の振り上げ、振り下ろしがまっすぐできているか
- 刃筋正しく振れているか
- 竹刀を振り下ろしたとき、右腕が肩の高さになっているか
- 竹刀を振り下ろした後、体のバランスが崩れないか

ここまで紹介したほかにも、さまざまな稽古の方法や形がある。普段、あまり行われないものがあるかもしれないが、剣道の知識のひとつとして知っておきたい。ひとり稽古では鏡を使った構えや竹刀操作のチェック法を紹介する。

見取り稽古

「見取り稽古」は、他人の稽古や試合などを見て良い点を学ぶための稽古法。さらに、自分の技能を反省したり、改善したりするヒントにもなる。とくに上位者の稽古は勉強になることも多い。そうした機会があれば大いに観察させてもらおう。

立ち切り稽古

一定の時間内に、ひとりで何人かの相手と継続して稽古を行う特別な稽古法が「立ち切り稽古」。一対一の試合形式で行う場合もある。

出稽古・武者修行

他のグループや道場の剣士達と、稽古や試合をするために出かけていくこと。精神的、技術的な上達が目的となる。学校単位であれば、他校へ練習試合に出かけるような場合も出稽古に含まれるだろう。

合宿

道場や部活動の仲間と生活をともにしながら、短期間に集中して技能を高めるために行う稽古方法。夏休みに学校で行う夏合宿などが一般的。

伝統的な稽古法

剣道には古くから行われてきた伝統的な稽古法がある。現在でも継続されているものには「寒稽古」や「暑中稽古」がある。

PART 6 試合・ルール

試合の方法　試合の目的と心構え

試合の方法

　ひと口に試合と言っても、その目的や様式などによっていくつかに分類できる。試合の方法にはどのようなものがあるのか、知識として知っておきたい。学校やグループ同士の対抗試合に限らず、道場や部活動の仲間と行う、技術の向上を目的としたさまざまな試合方法がある。

公式の試合

　剣道のルールである「剣道試合・審判規則／同細則」に従って実施されるのが公式の試合といえるもの。学生では各地域で開かれる地区大会や県大会、全国大会などがこれに当たる。
　個人同士が勝敗を競う「個人試合」と、チーム（3人制、5人制、7人制）を組んで団体で勝敗を争う「団体試合」があり、それぞれトーナメント戦（勝ち抜き制）、リーグ戦（総当たりで勝率を競う）などの形式で行われる。

基本試合・紅白試合

　基本試合とは、元立ちに対して「切り返し」「打ち込み稽古」「掛かり稽古」など、あらかじめ決められた内容を一定の時間内に行い、技術がどれくらい上達したか、審判員によって判定するもの。
　「日本剣道形」や「木刀による剣道基本技稽古法」を行い、内容の出来ばえなどを審判員によって判定するような試合もある。
　紅白試合は紅白二組に分かれ、あらかじめ決められた順番によって試合をする方法。チーム内の勝者数が多い方を勝ちとする「勝者数法」と、勝ち残った者がいるチームを勝ちとする「勝ち抜き法」がある。
　また、「高点試合」といって、あらかじめ決められた順番で試合をして、勝った者が負けるか引き分けるまで試合を続け、勝ち抜き数の多さで順位を決める試合方法もある。

140

試合は稽古の成果を確認する場、試し合う場、として重要な意味をもっている。何のために試合をするのか、どのような気持ちで試合にのぞむべきか、理解しておくことで稽古や試合への向き合い方が変わってくるだろう。

試合をする目的　試合とは何か

　試合の目的は、稽古で身につけた技術や精神力を十分に発揮して勝敗を競うこと。それを審判という第三者に判定してもらい、自分の実力をはかることにある。

　ほかの競技と剣道の試合の大きな違いは、『剣道試合・審判規則第一条』に「公明正大に試合をし」とあるように、勝敗にこだわり過ぎることなく、日頃の成果を試し合う場としていること。ほかの種目では、反則ぎりぎりのところで、さまざまな戦術が生まれるケースも見られる。

　剣道に関しても、近年は「勝つことが一番」というムードが一部に見られるが、基本的には「正々堂々と、反則を犯さないことが当たり前」という心構えで試合にのぞんでほしい。

　もちろん、試合に勝てばやる気が出て、稽古への励みにもなるだろう。モチベーションを上げるという意味では、試合に勝つことは大切になる。しかし、それを最優先にすると心に偏りができてしまう。「剣道を通じて自分という人間を形成する」という、剣士としての大きな目的があることを忘れないようにしたい。

試合にのぞむ心構え

　よく知られた近世の剣術書（『五輪書』や『兵法家伝書』）では、いわゆる「平常心」「常の心」が究極の心理状態とされている。試合で実力以上の力を発揮しようとし過ぎたり、よい結果を求め過ぎたりすると、緊張から呼吸が乱れて実力が発揮できないことになる。

　試合では自然体となるよう姿勢をととのえ、稽古で取り組んできたことを冷静に整理して心をととのえ、深呼吸をして呼吸をととのえるようにする（調身・調心・調息）。

　試合でよい結果を得るためには、試合に至るまでの努力や準備がすべて。試合は文字通り「試し合い」で、日頃の成果を試す場と考えよう。勝っても負けても、それを自分の励みや財産にする、そんな心構えで試合にのぞみたい。

PART 6 試合・ルール

知っておきたいルール 試合のきまり

試合のきまり

ルールでは基準とする試合時間や勝敗の決め方などが示されている。あらためて基本となる試合に関するルールをおさらいしておこう。

試合時間

試合時間についてルールでは「試合時間は5分を基準とし、延長の場合は3分を基準とする（剣道試合・審判規則／第6条）」とされている。ただし、これはあくまでも基準で、試合者の年齢やレベルに応じて、各大会の規定によって試合時間が異なる場合もある。また、延長戦は勝敗が決まるまで、時間無制限で行うケースもある。

試合の開始、終了

試合は審判（主審）の「始め」の宣告で始まり、「止め」の宣告で終了される。

試合者は、「始め」の声とともに蹲踞の体勢から立ち上がって試合を開始。「止め」の声がかかったら、試合を中止して開始線に戻り、構えた姿勢で主審の宣告を待つ。

勝敗の決定

試合は3本勝負が原則。有効打突を先に2本取った方が勝ちとなる。ただし、どちらかひとりが一本を取り、そのまま試合時間が終わったときは、一本を取っている人が勝者となる。また、大会によっては「一本勝負」で行われる場合もある。

試合時間内に勝敗が決まらないときは、大会の規定に従って、延長戦、判定、抽選、引き分けのいずれかになる。

■延長戦

試合時間内に勝敗がつかず、延長戦となった場合は、一本を先取した人が勝ちとなる。

■判定

判定で勝敗を決める基準は「どちらがより有効打突に近い打突をしたか」を比較。その次には「試合中の姿勢や動作、反則の有無」といった試合態度が判定の基準になる。

公明正大に試合を行うには、ルールを知っておくことが大前提となる。すべてのルールを一度に覚えるのは難しいので、試合者としてこれだけは知っておきたい、というルールを選んで紹介する。対人的なルールを知れば危険防止にもなる。

試合の中止

　試合中に審判から「止め」の宣告があったときは、試合者はすぐに試合を中止して、開始線に戻って主審の宣告、指示を受ける。審判が試合を中止するのは、反則が生じたとき、試合者の着装が乱れたとき、試合を続けるのに危険な状況が生まれた場合など。

　試合者が試合を一時的に中止したい場合は、主審に向かって手を挙げて「タイム」と声をかけ、すぐにその理由を告げること。タイムをかけていいケースは以下のとおり。
● 着装が乱れて試合の継続に支障がある。
● 竹刀の中結や先革がゆるんで不備が生じた。
● メガネの破損、コンタクトレンズのズレ、などで試合継続に支障がある、など。

試合場のきまり

　試合場は正方形か長方形で、床は板張りが原則。線は白線が原則で、幅を5cmないし10cmにすることが決められている。境界線の中が試合場内となり、その外側は試合場外となる。

試合場（基準）

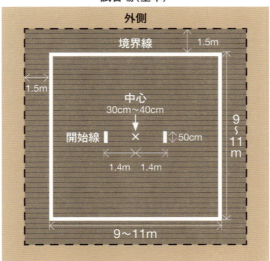

PART 6 試合・ルール

知っておきたいルール 有効打突の条件

有効打突の条件

　試合に勝つためには、相手を攻めて「一本」を取らなければならない。この「一本」となる打突を有効打突という。有効打突の条件には下記のような要件と要素があり、すべての要件を満たすことが必要。要素は規則ではなく、要件を補うものと理解しよう。

要件

❶充実した気勢／相手を攻める気合い、気迫があること。
　　　　　　　　　大きな発声で打突部位を呼称することも含まれる。
❷適正な姿勢／打突したときの姿勢が安定して、勢いが感じられること。
❸竹刀の打突部（物打）／打突部とは物打を中心とした竹刀の刃部。
❹打突部位／正面、左右の面、左右の胴、右小手、突き※小・中学生は禁止
❺刃筋正しさ／打突する方向と竹刀の刃部が同じ方向を向いていること。
❻残心／打突後、相手の反撃に備えて身構え、気構えを示すこと。

要素

❶間合／打突直前から打突時、残心を示すまでの相手との適切な距離。
❷機会／打つべき機会（チャンス）を正確にとらえている。
❸体さばき／正しい体さばきは、正しい姿勢や刃筋につながる。
❹手の内の作用／手の内を使った打突は、冴えや強度、速さなどがそろう。
❺強さと冴え／キレやスピードといった冴え、強さがある打突。

144

剣道では有効打突を決めることが試合の勝敗を左右する。一本を決めるために必要なものを理解しておきたい。ルールでは気勢や姿勢、正確な打突、残心といった条件がそろい、「気・剣・体の一致」した打突を有効打突としている。

有効打突の要件・要素

有効打突の条件（気・剣・体の一致）

要件

有効打突には6つの条件が必要。これらの条件がそろった状態が「気・剣・体の一致」になる。

❶ 充実した気勢
❷ 適正な姿勢
❸ 竹刀の打突部（物打）
❹ 打突部位
❺ 刃筋正しさ
❻ 残心

要素

左の要件を満たすには、この5つの要素が打突に含まれていなければならない。

❶ 間合
❷ 機会
❸ 体さばき
❹ 手の内の作用
❺ 強さと冴え

PART 6 試合・ルール

知っておきたいルール 禁止行為①

禁止行為

　剣道の禁止行為は、試合者に対する行為のほか、薬物や不正用具の使用、審判員などへの非礼な言動なども含まれている。禁止行為をした場合の罰則は1回で負けや退場になる場合と、1試合で2回行うと相手に「一本」が与えられる場合がある。

禁止行為に対する罰則

1回で負け、退場になるケース

1回の禁止行為でただちに負けや退場となるのは以下の3項目のみ。

負けと退場になるケース
- ●禁止物質を使用・所持し、または禁止方法を実施した場合
- ●審判員や試合相手に対して、非礼な言動をした場合。

負けになるケース
- ●不正用具を使用した場合。計測で竹刀の重量をごまかすため、竹刀の中に異物を入れるなどの行為。

1試合に2回反則すると、相手に「一本」が与えられるケース

上の3項目以外の禁止行為を行った場合、1試合で2回行うと相手に「一本」が与えられる。反則の回数は1試合のみのカウント。次の試合では適用されないため、0回からカウントする。

剣道のルールでは非礼な言動や不正用具の使用などをはじめ、いくつかの禁止行為（反則）が定められている。公明正大に試合を行うため、禁止行為を行わないよう十分に注意したい。起こりがちな事例をよく知っておこう。

試合中の禁止行為

　試合の相手への無謀な行為は、非礼であるばかりか、思わぬ事故につながることもある。十分にわきまえて試合を行いたい。この後に紹介する行為があったと審判に判定された場合は、故意（わざと）、過失（うっかり）にかかわらず、反則となる。

※以下に紹介する禁止行為を1試合に2回行うと、相手に「一本」が与えられる。

試合中に場外に出る　[剣道試合・審判規則　第17条4号]

　境界線から片足、または体の一部が完全に場外へ出た場合は反則になる。足の一部が境界線上にあれば反則ではない。面紐や竹刀の一部が出た場合は反則にならない。

これも反則！

NG×

バランスを崩して場外へ出そうなとき、竹刀を場外に着いて体を支えた場合。

相手を無理に押して場外へ出そうとする
[剣道試合・審判規則　第17条3号]

　相手を場外へ不当に押し出して、相手の反則を狙うような行為は反則となる。1回の打突について1回の体当たりが正当。2回以上の体当たりは故意に相手を出そうとしていると判定される。

P148へ続く

147

PART 6 試合・ルール

知っておきたいルール 禁止行為②

試合中の禁止行為

自分の竹刀を落とす ［剣道試合・審判規則 第17条5号］

相手に竹刀を払われたり、打ち落とされたり、巻かれたりして竹刀を落とすと、落とした側の反則になる。

竹刀を落としやすい人は、左手で柄いっぱいに握ること、小指に一番力を入れて握ることを意識しよう。

相手に手をかける 相手を抱え込む
［剣道試合・審判細則 第16条1号］

相手の体に手をかけたり、抱きつくようにして動きを押さえたり、押したりしてはならない。とくに、相手と近い間合にいるとき、バランスを崩したはずみで手をかけるケース、相手に打たれないように抱え込むケースなどがある。

不当な打突をする　[剣道試合・審判細則　第16条7号]

　不当な打突とは、わざと剣道具のない部位を打つことや、相手の竹刀を落とす目的で叩く、などの行為をさす。たまたま剣道具のない部位を打っても反則にはならないが、何度も繰り返したり、同じ箇所ばかり打つような、明らかに故意と判断できる場合は反則になる。

相手の足を払う、相手に足を掛ける
[剣道試合・審判規則　第17条2号]

　相手を倒すためや、体勢を崩すために足を掛けたり、払ったりするのは反則。打突をしようと踏み込んだときに、相手の足を踏む（踏まれる）ような場合は、故意ではないので反則にはならない。相手が転倒すると、頭や体を強く打つこともある。危険な行為として知っておきたい。

P150へ続く☞

PART 6 試合・ルール

知っておきたいルール 禁止行為③

試合中の禁止行為

不利な状況でタイムをかける ［剣道試合・審判規則 第17条6号］

相手に追い込まれた不利な状況でタイムをかけるなど、「不当な中止要請」は反則となる。「タイム」がかかると主審が試合を中止し、その理由を聞いて判断する。そのときに、正しい理由でなければ反則となる。タイムが認められる事例はP143を参照。

相手の竹刀を握る　自分の竹刀の刃部を握る
［剣道試合・審判細則 第16条2号］

相手の竹刀を握って竹刀操作を妨害したり、動きを妨げたりしてはならない。打ち込んできた相手の竹刀を、反射的に手で受けてしまうケースがよくある。

自分の竹刀の刃部を握るケースとしては、試合中にずれた弦や先革を調整するときなどがあげられる。普段から竹刀をよく触るクセのある人は注意しよう。

わざと時間かせぎをする　故意の時間空費
[剣道試合・審判細則　第16条6号]

　ルールでは試合時間を空費（ムダに使う）することを反則としている。時間の空費と判断されるのは、相手を攻める姿勢が見られず、消極的な態度が続くとき。鍔ぜり合いから離れないケースや、写真のような防御姿勢をとり続けるのもそのひとつ。勝つための時間かせぎをする事例がよく見られる。

COLUMN
鍔ぜり合いで時間を空費するケースが多い

時間を空費するために、鍔ぜり合いを悪用するケースが目立つ。鍔ぜり合いを続けていれば打たれる心配がないため、時間かせぎとして有効だからだろう。このような事例を含め、不当な鍔ぜり合いを解消するため、ルールの運用が一部変わった。ひと呼吸（3秒程度）の間に鍔ぜり合いが解消されない場合は、鍔ぜり合いの正当性、打突の意思や分かれる意思などから審判が判断して、原則どちらかが反則になる。鍔ぜり合いになったらすぐに隙をつくって（見つけて）積極的に技を出すようにし、分かれるときは潔く相手と離れる（間を切る）こと。

PART 6　試合・ルール　／　審判をやってみよう

審判の心構え・基礎知識　旗の表示と宣告

審判の心構え・基礎知識

　審判には公明正大な剣道の試合を取り仕切る役割がある。えこひいきをせず、自信を持って適正公平にやろう。試合中の位置や動き方は、以下のような点を意識したい。

- 基本の立ち姿勢は、両足のかかとをつけた自然体で。
- 試合者の動きに合わせて1歩目は送り足で、2歩目からは歩み足で移動する。
- 背すじを伸ばしたまま、目線の高さを一定にして、滑らかに移動する。
- 顔だけではなく、体全体を試合者に向ける。
- 目で追うだけではなく、足を使って試合者を見やすい位置へ移動する。

審判旗の持ち方

　試合中の審判旗の持ち方は、旗の柄（棒の部分）に添わせて人差し指を伸ばし、旗の先端を真下に向けて体側（体の側面）に添わせる。柄の先端は手で覆うようにする。

試合中の審判旗の持ち方

人差し指を伸ばして持ち、太ももの横に添わせる

NG×　すべての指でギュッと握らない

NG×　旗の柄を余らせない

試合では審判の判定が「旗の表示」と「宣告」によって示される。10種類ある旗表示を覚えれば試合の状況がわかり、練習試合などで自分が審判をやるときにも役立つ。理解を深めるためにも審判にチャレンジしてみよう。

旗の表示と宣告

旗の表示はためらわず、キレのいい動作で行うこと。宣告は試合者だけではなく、まわりの人たちにも聞こえるように、大きく、はっきりと声を出そう。

試合の開始・再開・終了

旗表示 なし

宣告
試合開始、再開　「始め」
試合終了　　　　「勝負あり（上げた旗を下げながら）」

始め

試合が開始されるときは基本姿勢で。
基本姿勢とは
- 背すじを伸ばして自然体で立ち、両足のかかとを軽くつけて、つま先を自然に開く
- 審判旗は人差し指を伸ばして持ち、体側につける

試合の中止

旗表示 まっすぐ真上に上げる

宣告 「止め」

両腕を平行にして、まっすぐ真上に伸ばす

止め

Point　大きな身のこなしは要注意！
この旗表示は所作（身のこなし）が大きいので、形が崩れていると目立ちやすく、見苦しい印象を与えるので注意。

P154へ続く☞

PART 6　試合・ルール　／　審判をやってみよう
旗の表示と宣告

旗の表示と宣告

有効打突

旗表示

有効打突を決めた試合者側の色の旗を、斜め上方に上げる

宣告

「面あり、小手あり、胴あり」

面(小手、胴)あり

旗を上げるのは、斜め上方45度くらい。横を向くと旗が確認できる位置がベスト。真上まで上げると、旗の確認がしにくくなる

 腕を内側へ絞り込むように！
有効打突の旗表示は、腕をやや内側へ絞り込み、まっすぐ伸ばす。こうすると旗と手首と腕が一直線になって美しい。

 旗の表示は一拍子で！
審判旗を上げるときはスッと一拍子で。ワン、ツウと2段階で上げると、自信がないような印象を与える。手首や肘の曲がった、見苦しい上げ方もよく見かけるので注意したい。

有効打突を認めない・有効打突を取り消す

旗表示 赤旗が前で交差する形で、両旗を前方下で左右に3〜4回振る

宣告 なし

腕を伸ばしたまま左右に振ることで、大きく見やすい表示になる

有効打突の判定を棄権

旗表示 赤旗を上にして、両旗を前方下で交差させて停止

宣告 なし

両腕を伸ばしたまま、体の正面で停止させる

P156へ続く☞

PART 6　試合・ルール　／　審判をやってみよう
旗の表示と宣告

旗の表示と宣告

反則

旗表示

反則をした試合者側の色の旗を、斜め下方へ上げる

宣告

反則が1回目の場合は「反則1回」と宣告。反則が2回目の場合は「反則2回」の宣告に続いて「一本あり」と宣告する

> 反則回数の宣告と同時に、指で反則回数の表示を行う。反則者側の指で、反則者に体を向けて行う。このとき、旗はもう一方の手にまとめて持つ。

腕をまっすぐ伸ばし、斜め下方45度に上げる

反則の回数表示

反則1（2）回

分かれ

旗表示　両腕をまっすぐ伸ばし、両旗を前方へ出す

宣告　「分かれ」

両腕を平行にするのがポイント。腕が曲がったり、両腕の間隔が開き過ぎたりしないように注意！

分かれ

鍔ぜり合いが膠着したときに宣告

「分かれ」が宣告されるのは、鍔ぜり合いが膠着した場合のみ。主審だけが宣告できる。膠着とは、正しい鍔ぜり合いで互いに攻めようとしているが、技を出すに出せない状態のこと。

合議

旗表示 両旗を右手に持って真上に上げる

宣告 「合議」

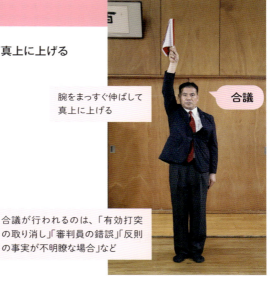

腕をまっすぐ伸ばして真上に上げる

合議

合議が行われるのは、「有効打突の取り消し」「審判員の錯誤」「反則の事実が不明瞭な場合」など

引き分け

旗表示 両旗を前方上で交差させて止める。赤旗を前にして交差させるのが原則

宣告 「引き分け」

引き分け

旗を上げるときは下から直線的に最短距離で！

おわりに

　武道には合気道のように試合・競技を行わない種目もあります。合理的な体の使い方の修行を通して心を鍛え調えることをねらいとしたわけです。全日本剣道連盟は1975年「剣道は剣の理法の修錬による人間形成の道である」とする「剣道の理念（＝根本的な考え方）」を制定しました。50年ほど前の剣道ブームだった頃、勝利至上主義になり過ぎた状況に将来への危機感をもった当時の剣道界の重鎮たちが、改善を図るために制定したといわれています。

　剣道は老若男女問わず一緒に行えるという一大特性をもつ武道種目です。中学生の皆さんも必ず老います。私も6歳から50年近く剣道を実践してきましたが、中学生の頃は試合に勝つことを大きな目標として毎日稽古に励んでいました。その過程において本書で触れられている様々なことを学びました。

　剣道の試合は必ず試合者より技量が高い年上の人が審判をします。経験豊富な先輩が判定をするわけです。試合で勝ちたければ審判が「いいなあ」と思うようなパフォーマンスで試合をしたほうが勝つ確率が高くなるともいえます。盲目的になっては絶対いけませんが、年長者を敬い、年少者を慈しむことは尊いことです。

　剣道は「道」ですから奥深く、終わりがありませんし、その仕組みが今のところは脈々とつながっています。是非とも本書を活用しつつ稽古に励んで下さい。そして、剣道を通して自分自身を高め、自分自身の人生を豊かにし続けていただきたいと思います。謙虚さを忘れずに、自らが求めて多くの人と剣を交えることがその具体的な方法だと考えます。「打って反省、打たれて感謝」という言葉があります。「またあの人と試合や稽古をしたいなあ…」という思いが果てないこと、剣友も同様にそんな思いを持つような機会が増えることを心よりお祈りします。

著者
有田祐二 ありた・ゆうじ
筑波大学　剣道部女子監督

1970年10月5日生まれ。鹿児島県出身。小学1年のときに大崎剣道スポーツ少年団で剣道を始める。PL学園高校では2年時にインターハイ団体優勝、3年時はインターハイ個人ベスト16など全国でも活躍。筑波大学に進学すると全日本インカレ個人優勝(3年時)、全日本インカレ男子団体優勝(2、3年時)・準優勝(4年時)の戦績を収めた。卒業後は茗溪学園中学校高等学校非常勤講師(剣道部コーチ)を経て、2002年4月より筑波大学体育科学系講師、筑波大学剣道部女子監督に就任。全日本女子学生剣道優勝大会優勝6回、全日本女子学生剣道選手権大会優勝6回など全国トップレベルの実績を残している。筑波大学体育系准教授。剣道教士八段。日本武道館武道学園講師。全日本剣道連盟試合・審判委員会委員兼幹事などを務める。

撮影協力／モデル
筑波大学　剣道部女子
後列左から笠 日向子さん、川合芳奈さん
前列左から後藤楓花さん、島村咲愛さん

159

中学デビューシリーズ
剣道入門

2024年11月30日　第1版第1刷発行

著者　　有田祐二
発行人　　池田哲雄
発行所　　株式会社ベースボール・マガジン社
〒103-8482
東京都中央区日本橋浜町2-61-9 TIE浜町ビル
電話　03-5643-3930（販売部）
　　　　03-5643-3885（出版部）
振替口座 00180-6-46620
https://www.bbm-japan.com/

印刷・製本　共同印刷株式会社

©Yuuji Arita 2024
Printed in Japan
ISBN 978-4-583-11724-9　C2075

★定価はカバーに表示してあります。
★本書の文章、写真、図版の無断転載を禁じます。
★本書を無断で複製する行為（コピー、スキャン、デジタルデータ化など）は、
　私的使用のための複製など著作権法上の限られた例外を除き、禁じられています。
　業務上使用する目的で上記行為を行うことは、使用範囲が内部に限られる場合であっても
　私的使用には該当せず、違法です。また、私的使用に該当する場合であっても、
　代行業者等の第三者に依頼して上記行為を行うことは違法となります。
★落丁・乱丁が万一ございましたら、お取り替えいたします。
★QRコードはデンソーウェーブの登録商標です。
★動画は、インターネット上の動画投稿サイト（YouTube）にアップしたものに、
　QRコードで読み取ることでリンクし、視聴するシステムを採用しております。
　経年により、YouTubeやQRコード、インターネットのシステムが変化・終了したことにより
　視聴不良などが生じた場合、著者・発行者は責任を負いません。また、スマートフォン等での
　動画視聴時間に制限のある契約をされている方が、長時間の動画視聴をされた場合の
　視聴不良などに関しましても、著者・発行者は責任を負いかねます。